和谐校园文化建设读本

哲学启蒙

王艳/编写

吉林教育出版社

图书在版编目(CIP)数据

哲学启蒙／王艳编写. — 长春：吉林教育出版社，2012.6（2018.2重印）

（和谐校园文化建设读本）

ISBN 978－7－5383－8944－9

Ⅰ.①哲… Ⅱ.①王… Ⅲ.①哲学史－中国－青年读物②哲学史－中国－少年读物 Ⅳ.①B2－49

中国版本图书馆 CIP 数据核字（2012）第 116055 号

哲学启蒙		王 艳 编写
策划编辑 刘 军 潘宏竹		
责任编辑 付晓霞		装帧设计 王洪义

出版 吉林教育出版社（长春市同志街1991号 邮编130021）
发行 吉林教育出版社
印刷 北京一鑫印务有限责任公司
开本 710毫米×1000毫米 1/16 13印张 字数 165千字
版次 2012年6月第1版 2018年2月第2次印刷
书号 ISBN 978－7－5383－8944－9
定价 39.80元

吉教图书　　版权所有　　盗版必究

编委会

主　　编：王世斌

执行主编：王保华

编委会成员：尹英俊　尹曾花　付晓霞
　　　　　　刘　军　刘桂琴　刘　静
　　　　　　张　瑜　庞　博　姜　磊
　　　　　　潘宏竹
　　　　　　（按姓氏笔画排序）

总 序

千秋基业，教育为本；源浚流畅，本固枝荣。

什么是校园文化？所谓"文化"是人类所创造的精神财富的总和，如文学、艺术、教育、科学等。而"校园文化"是人类所创造的一切精神财富在校园中的集中体现。"和谐校园文化建设"，贵在和谐，重在建设。

建设和谐的校园文化，就是要改变僵化死板的教学模式，要引导学生走出教室，走进自然，了解社会，感悟人生，逐步读懂人生、自然、社会这三部天书。

深化教育改革，加快教育发展，构建和谐校园文化，"路漫漫其修远兮"，奋斗正未有穷期。和谐校园文化建设的研究课题重大，意义重要，内涵丰富，是教育工作的一个永恒主题。和谐校园文化建设的实施方向正确，重点突出，是教育思想的根本转变和教育运行机制的全面更新。

我们出版的这套《和谐校园文化建设读本》，全书既有理论上的阐释，又有实践中的总结；既有学科领域的有益探索，又有教学管理方面的经验提炼；既有声情并茂的童年感悟，又有惟妙惟肖的机智幽默；既有古代哲人的至理名言，又有现代大师的谆谆教诲；既有自然科学各个领域的有趣知识，又有社会科学各个方面的启迪与感悟。笔触所及，涵盖了家庭教育、学校教育和社会教育的各个侧面以及教育教学工作的各个环节，全书立意深邃，观念新异，内容翔实，切合实际。

我们深信：广大中小学师生经过不平凡的奋斗历程，必将沐浴着时代的春风，吸吮着改革的甘露，认真地总结过去，正确地审视现在，科学地规划未来，以崭新的姿态向和谐校园文化建设的更高目标迈进。

让和谐校园文化之花灿然怒放！

本书编委会

目 录

第一章　中国哲学凝聚了中国文化的基本精神 …… 001
　　哲学赋予我们人生的智慧 …… 001
　　哲学史就是哲学 …… 010
　　中西社会的差别与哲学的差别 …… 014

第二章　中国哲学的起源与基础观念的奠定 …… 019
　　哲学产生之前的人类意识 …… 019
　　商周哲学思想的萌芽 …… 024
　　第一位教师——孔子 …… 031
　　平民思想家——墨子 …… 041
　　形上学家——老子 …… 046
　　古代的逻辑家——名家辩者 …… 051
　　百家争鸣与各派的演变 …… 055

第三章　儒、道、法各派学说的实践与宗教的兴起 …… 076
　　三大学派的社会实践 …… 076
　　魏晋玄学 …… 100
　　儒、释、道 …… 105

第四章　佛教的中国化与发展 …… 111
　　唐代佛教的发展 …… 111
　　成功的中国佛学——华严宗 …… 120
　　中国佛学的杰作——禅宗 …… 122

第五章　儒家哲学的最高发展 ·············· 127
农业社会的衰落与中央集权的强化 ·············· 127
朱熹的客观唯心主义"理学" ·············· 130
陆九渊的主观唯心主义"心学" ·············· 150
王守仁对陆九渊主观唯心主义"心学"的发展 ·············· 163

第六章　中西文明的冲突 ·············· 180
文明的本质 ·············· 180
文明为什么会发生冲突 ·············· 181
文明的冲突 ·············· 187

第七章　中国哲学的特点与现代化 ·············· 190
中国哲学的特点 ·············· 190
中国哲学的现代化 ·············· 191
中国哲学文化对于中国现代化的意义 ·············· 198

第一章　中国哲学凝聚了中国文化的基本精神

哲学赋予我们人生的智慧

在中国传统文化中，没有"哲学"这个词。先秦时代，有儒学、道学、墨学等；魏晋时代，有玄学；隋唐时代，有佛学；宋明时代，有理学与心学。这些学派讨论的都是关于宇宙和人生的大问题，都是关于人生的最高智慧。这些学派不研究如何种田，不探索各种具体的手艺和技术，但是，它们所提出和论述的问题，却是士农工商一切人类所关心的。人们从这些学派的思想中使精神得到满足，使灵魂获得慰藉。人们读了这些学派的书，感到生活有了方向，做人有了根据。这些学派提供给人们的，是使人安身立命的思想和观念。这些学派虽然在不同历史时期有不同的名称，而且思想也有许多差别，但是它们一脉相承，都是对先秦儒道学说，尤其是儒家学说的继承与发挥。正是这自古以来关于人生智慧的学说，构成了中华文化的核心内容，提供了中华文化的基础观念。近代以来，我们把这关于人生智慧的学说称为哲学，于是，从孔夫子到孙中山，我们称他们为哲学家。

"哲学"这个词起源于西方，是从西方语言中翻译过来的。古希腊哲学家毕达哥拉斯（公元前572—公元前497年），在同勒翁交谈时，第一次使用philosophia（爱智慧）这个词语，并把自己称为philosophos（爱智者）。此后，思想家苏格拉底（公元前469—公元前399年）把哲学定义为"爱智慧"。从那以后，"爱智慧"成为一种稳定的提法。西方语言中希腊语philosophia就是爱智慧的意思。19世纪，日本思想家西周（1829—

1897年)把philosophy这个词译作"哲学"。在汉语中,"哲"是聪明智慧的意思,明哲连用,形容一个人贤明睿智。西周的译法是很贴切的,中国人采用了他的译法。从此以后,从孔夫子到孙中山,一批研究人生智慧的思想家被后人称为哲学家。

哲学的任务不是为了人对客观实际增加正面的知识,而是为了提高人的心智。在学习中,我们面对事物,学会了用联系、发展、全面的观点看问题,避免了那些孤立的、静止的、片面的观点;我们认识到了世界的发展有其自身的规律,如果顺应规律将得到事半功倍的效果;我们明白量变、质变的原理,懂得如果不防微杜渐,一点点小错误的积累都会导致严重的后果;我们明白矛盾的重点论,知道了面对纷繁复杂的问题时,抓住其主要方面,其他都能迎刃而解;我们明白……

学习哲学可以养成清楚的思维,怀疑的精神,容忍的态度,开阔的眼界,我们要有这种眼界,不但可以做事,而且更善于做事。任何一个知识领域,只要你愿意深入,展现在你眼前的将是一种不一样的画面,而知识的真谛也往往蕴于其中。另外,哲学以它巨大的智慧力量丰富着我们的内心,壮大着我们的力量,在哲学的引领下,我们明白了人生的目的,在我们的有生之年,学会智慧的面对这个世界。

因此,我们或许能摸索到一些哲学和人生关系的简单脉络:哲学以一种系统化、理论化的科学态度指引着人们的主观人生,丰富我们的思想,强化我们的知识,分析我们的情感,深化我们的认识,并且在这些意识层面的作用下潜移默化地反作用于我们的客观人生,使我们的行为更具有合理性。同时,哲学来源于人生,哲学的智慧产生于人类的生产实践。人生这个大的课堂,在我们所经历的每一件事情中屡次证明了哲学的智慧。

在人们日常生活中,工作、学习、生活的各种问题接踵而至,疲于应付的大脑如果不能将它们完全搞定,就会引发更多的问题出现,于是,恶性循环产生了。此时,我们是多么希望有一双洞穿一切的慧眼呀!透过虚假的外在现象直视本质,或是持一柄降妖除魔的利剑,一切困难迎刃而解。而这把利剑,恰恰是我们的哲学,利用哲学的辩证思维对社会现象进行透析,看清其事态发展的本质,准确把握住自己人生中的每一个抉择。

苏格拉底曾经说过,一种未经思考的生活是不值得过的。同样,没有经过审视的人生也是没有价值的。今天,我们都是幸运的现代人,因为我们是站在前人的肩膀上面对这个世界的。不仅有前人留下的丰富物质遗产,同时还有系统科学、趋于完善的哲学思想来教会我们如何面对人生中的种种迷茫。为此,我们能够对人生有更多的思考以及对准则的把握有更好的衡量。

无论中国还是西方,人们把研究人生的智慧称为哲学。仅这样说还不够清楚,因为数学、物理学、经济学同样是人生的智慧,人们学习和研究这些科学同样可以增长知识,提高福利。所以,应当进一步说明,哲学所研究的人生智慧,区别于具体科学的智慧。人们常说,木匠成木器,铁匠成铁器。每门具体科学作为人生的智慧,都可以帮助人们成某种"器"。哲学是人生的智慧,它不能助人成某种具体的器,却向人们论"道",讨论"天理"。它同文学、宗教等一样,不是成器以满足人的肉体利益,而是论道以满足人的灵魂需要。理解哲学这种人生的智慧,要从人性来考虑。人的生活包括两方面,即物质生活和精神生活。因为人之所以为人,区别于动物,就在于人除了肉体之外,还有意识。人对肉体和灵魂两方面的需要并不是分离的,并不是物质生活好了,才去追求精神生活,而是同时的。即使在肉体需要危及到生命的情况下,人也不会为了满足肉体需要而全然不顾及精神。人面临饿死冻死的困境,如果以屈辱和人格为代价进行交换,人会选择死亡。所谓"宁死不屈",并非仅是志士仁人的风骨,每个人都有自己人格的最后底线,他不会放弃这最后底线,而会在这最后底线面前"宁死不屈"。商臣伯夷、叔齐不食周粟,饿死在首阳山里;陶渊明不为五斗米折腰,甘愿过清贫的村居生活。这些是著名的、具有高风亮节的人物的故事,同样,在现实生活中也有许许多多的平常人,在遇到困难时,为维护人格,不吃嗟来之食。我们每个人都有体会,在任何情况下,都会维护我们自己的人格和尊严。这人格、尊严、荣誉等,是人的精神生活的重要内容,是人的灵魂。哲学作为人生的智慧,不是在日常生活中带来物质利益的那种具体科学的智慧,而是满足人的精神和灵魂需要的一种大智慧。哲学不是指导我们在日常生活中怎样行动才能成功,而是引导我们应该怎样有尊严、有智慧地生活才更有意义。

这种关心人类精神与灵魂的思想与学说并非仅仅是哲学,还有文学和宗教。

文学是指以语言文字为工具借助各种修辞以及表现手法形象化地反映客观现实的艺术,包括戏剧、诗歌、小说、散文等,是文化的重要表现形式,以不同的形式(称作体裁)表现内心情感和再现一定时期或者一定地域的社会生活。文学也是对人生的思索和探求,是对人生的体验和心得。

(1)文学是社会科学的学科分类之一,与哲学、宗教、法律、政治并驾为社会的上层学问,为社会经济服务。

(2)文学起源于人类的思维活动。最早出现的是口头文学,一般是与音乐联结为可以演唱的抒情歌谣。最早形成书面文学的有中国的《诗经》、印度的《罗摩衍那》和古希腊的《伊利昂纪》等。欧洲传统文学理论分类法将文学分为诗、散文、戏剧三大类。中国先秦时期将以文字写成的作品都统称为文学,魏晋以后才逐渐将文学作品单独列出。现代通常将文学分为诗歌、小说、散文、戏剧四大类别。

(3)文学是一种将语言文字用于表达社会生活和心理活动的学科。

其属于社会意识形态艺术的范畴。

（4）文学是语言文字的艺术（文学是由语言文字组构而成的，开拓无言之境），是社会文化的一种重要表现形式。

（5）文学是一种语言艺术，是话语蕴藉中的审美意识形态。由于出版和教育的进步以及社会的全面发展，已经失去其垄断地位成为大众文化的一支，产生了所谓的严肃文学和通俗文学或大众文学之分。

宗教是人类社会发展到一定历史阶段出现的一种文化现象，属于社会意识形态。主要特点为，相信现实世界之外存在着超自然的神秘力量或实体，该神秘统摄万物而拥有绝对权威、主宰自然进化、决定人世命运，从而使人对该神秘产生敬畏及崇拜，从而引申出信仰认知及仪式活动。

宗教有着各种各样的定义，多数定义试图在很多极端的解释和无意义表述中找到平衡。有人认为应用形式和理论去定义它，也有人更强调经验、感性、直觉、伦理的因素。社会学家和人类学家倾向于把宗教看作是一个抽象的观念、含义。这种抽象的概念是基于自身变化发展而建立起来的。

宗教是一种特殊的文化形式。过去，人们往往只看到了它的反认识逻辑性、危害性和主观性，很少认识到它的价值逻辑性、有益性和客观性。宗教是理论化和系统化的伦理道德，它以"上帝""真主""天公""诸神"等神秘偶像的意志为一条逻辑主线，把各种零碎的、具体的道德规范以及各种自然规律和社会法则联系起来、统一起来，这些神秘偶像实际上就是社会利益（特别是统治阶级利益）的化身。总之，宗教的本质就是用主观的、虚假的形式来反映客观的、真实的自然规律和社会法则，用唯心的外壳来包装唯物的内核。例如，"生死轮回"理论反映了社会发展连续性的客观要求；"因果报应"理论反映了人际交往的等价性规律。宗教包含着人对宇宙与人生的理解，人们把这种理解塑造成神灵的形式。神灵就是人们想象的世界的真实存在,人们把自己对世界的认识赋予了神灵,不是神灵创造了世界和人类,而是人类创造了神灵。

　　文学、宗教和哲学各自以不同的形式表达人类对宇宙与人生的思索和理解。文学,以具有审美价值的艺术形象,体现着对人生真谛的求索。宗教以表象,即具有人格的神灵,来告诉人们怎样生活。同时,人们在宗教生活中可以得到一种独特的体验。这种充满着神圣感和净化感的体验,可以使人们感到心满意足。哲学与这两者不同,哲学不借助形象,哲学也不去牵动人们的感情。哲学是抽象的逻辑,是理论学科,哲学运用概念、判断和推理,概括人类的思想,论证事物的真理。这样说来,文学和宗教主要从感情方面来满足人的精神,哲学主要从理性方面来满足人的精神。理性是追求知识的能力,所以,哲学是智慧,哲学研究的是追求人生的真理和知识。哲学作为理性知识,同人类科学的发展紧密相关,科学是哲学的基础,哲学是对科学的概括和思考。

　　哲学是人生的智慧,哲学的内容来自人生的最基本的问题,即人与世界的关系。这种关系是人类一切活动的最基本的关系,因为人类的一切活动,都要处理人与周围世界的矛盾。人是在世界中活动的,离开了周围世界就没有人类的活动。我们常说,人与动物的区别在于人能劳动,能进行改造客观世界的实践。动物也生活在世界之中,但它作为自然界的一部分,无意识地自生自灭。周围世界同动物之间构不成一种关系,不具有改造和被改造的关系。设想一下,把原始森林中的一头野兽放在大城市中,会产生什么结果呢?这头动物随时生活在危险之中,同时又危及到人们的安全,因为它不可能自觉地处理同周围世界的关系。反之,把一个人抛在遥远的荒野里,就像鲁滨逊被遗弃在荒岛上那样,这个人立刻会表现出他是一个人,不是动物,他马上着手解决他同周围世界的关系。他要采集或生产食物,他要构筑抵御猛兽的住所,要能遮蔽风雨又挡住阳光。一旦他的饥饿和安全得到保证,他就会开始谋划如何利用周围的条件返回到人类文明社会中。这两个例子说明了人与动物的本质区别。动物本能地适应自然,同植物一样,只是作为一个自然物而在自然中活动,与自然同生灭。人有其独特的活动方式,人的活动是有目的、有意识的,是改造周围世界的活动,是劳动。人同周围世界之间产生一种"关系",人只有处理好这种关系,才能进行生产实践,所谓实践,也就是处理人同周围世界关系的活动。马克思在《资本论》中用一个生动的事例来说明人与动物的区别,他说:"蜘蛛的活动与织工的活动相似,蜜蜂构筑蜂房的本领使世界上的许多建筑师感到惭愧。但是,最蹩脚的建筑师从一开始就比最灵巧的蜜蜂高明的地方,是他在用蜂蜡建筑蜂房以前,已经在头脑中把它建成了。"蜜蜂的活动是无意识的本能的活动,人的活动是有目的有意识的活动。人的自觉活动,产生了人作为主体同自然作为客体的关系。动物在自然中活动,只是自然物之间的接触,相互之间没有区别。人的实践活动使人类从自然中区别出来,形成了主体与客体的关系,也就是人与世界的关系。人之所以为人,就在于人自觉地处理与世界的关系。哲学作为人生的大智慧,就以这个问题作为自己思考的基本内容和问题。

  人与世界的关系,表述为哲学语言即主体与客体的关系,或主观与客观的关系,或思维与存在的关系。这些不同的表述含义不完全相同,不能等同对待,但基本含义都是从不同侧面表达人与世界的关系。人之所以关心自己与世界的关系,也是根源于人的本性。一方面,人是物质的肉体的存在,人必须同世界的存在规律相一致,必须使自己的想法、观念同客观世界统一,这样才能使人的活动取得成功。例如,自然界中电荷的性质是异者相吸、同者相斥,人必须遵守这个规律,如果人的认识与此相反,那么行动必然失败。只有使我们的主观思维同客观存在相一致,才能使生产劳动发展进步。另一方面,人是具有精神和灵魂的存在,人只有了解、认识自己生活的世界,才能感到自己生活在一个熟悉而又亲切的环境中,人的灵魂才会安宁。否则,如果人对周围世界陌生而又神秘,就会感到处于一种异己的环境里,人的灵魂就会忐忑不安,无法平静地生活下去。

哲学关心人类的精神生活。哲学研究人生最基本的问题,即人与世界的关系,并因此而成为人生的大智慧。为了更清楚地理解这一点,我们再从哲学同其他学科的关系来说明。人类的学科分类,大致可分为两大类,一类是实证的,一类是人文的。实证的学科是具体科学,包括自然科学和社会科学。人文的学科是人类对宇宙与人生的体验和思考,缺乏定性、定量的分析,包括文学、神学等。哲学介于二者之间,基本上属于人文学科。为什么人类知识这样分类呢?这是由人类活动的基本矛盾即人与世界的关系所决定的。人类的生产劳动和认识活动,也就是处理和思考人与世界的关系,而这种关系又必然具体化为"世界是什么"和"人是什么"这两个问题,因为只有知道了世界和人是什么,才能去解决二者之间的关系。世界和人都是极其复杂的,人类在思考的时候,采用两种方式,一种是从细节方面去思考,一种是从整体去思考。从细节方面去思考,就是把世界和人区分为许多具体的方面和部分,分门别类地去研究。从量的方面去研究世界,就是数学;从物质的不同作用关系方面去研究,就是物理学和化学;从世界的某一部分去研究,就产生了天文学、生物学、地理学等。同时世界又可分为自然和社会,于是除上述自然科学外,又有经济、法律、政治等社会科学。自然科学和社会科学都是从细节方面去具体地研究世界的。从细节方面研究人则产生了生理学、心理学、人类学等学科。对于世界和人的具体的细节的研究方式,是一种精确的定性定量的分析研究,因而是实证科学。所谓实证,就是只要满足人们设计的条件,那么,人们所期待的现象就会重复出现,从而对人们的认识给予证实。例如,我们认为镁是活跃金属,镁能从水中置换出氢,但镁只能跟沸水起反应,不易跟冷水反应,这个认识是否正确很容易证实,任何一位中学生都可以完成这个实验。人类的具体科学都具有这种实证性,使我们从细节方面了解世界和人。

  思考世界和人的另一种方式是从整体方面。仅仅从细节方面去思考是不够的,因为每门具体科学所认识的只是世界和人的一个方面或一个部分,只有片面的真理。犹如瞎子摸象,象的一部分类似柱子,一部分类似墙壁,只了解一部分是不能知道整体是怎样的。于是人类还需要从整体上去思考世界和人,而且,这也是人的灵魂的欲望。人不会满足于只是了解世界与人的某些细节所具有的相对的知识,而必然追求关于世界与人的整体的绝对知识。但是,关于世界与人的整体的绝对知识不可能是精确的、实证的,因为人不能把世界整体拿来试验,也不能从肉体和灵魂的最全面的规定上来试验人。这样关于世界和人的整体的知识就不是实证科学,而只能是人对这些问题的思索和体验,甚至要掺杂进许多猜测和幻想。文学、宗教和哲学就是人对世界和人的整体的思考,这种思考要满足灵魂对绝对知识的渴望,给人的灵魂提供一个安宁的家园。这种思考不是科学的、实证的,而是关于人生的,所以我们称之为人文学科。在这三种人文思想中,哲学比文学和宗教同科学的联系更密切些,而且哲学采取逻辑的形式,表现为人生的智慧和知识,文学和宗教更多体现人对生活的体验和感情,因而不采取知识的形式。

  哲学作为对世界和人的整体进行思考的知识,具体包含哪些内容呢?首先,哲学关心世界是什么,也就是关于存在的学说,也可以称为"有论"。人们追求存在和"有"的本质、根据或本体,于是关于存在的学说又称为本体论。其次,哲学还对人自身进行反省,关心人是什么。人们意识到,人不仅是个有理性、能思维的认识主体,而且是个有道德、讲善恶的实践主体,同时也是个审美主体。哲学把人作为认识主体来反省,就产生了认识论;哲学把人作为道德实践主体来反省,就产生了伦理学;哲学把人作为审美主体来反省,就产生了美学。哲学从真、善、美三个方面全面地认识人是什么。这样,关于存在的本体论,关于人的认识论、伦理学、美学,这些构成了哲学的主要分支和内容。哲学不是一种单一的知识,而是一种包含一个学科群的复杂知识体系,这个复杂的知识体系,就是人们所说的理论的世界观和人生观。

哲学是探索宇宙与人生的真谛,是人生的最高智慧。

古今中外,产生了无数的哲人,他们可以称为各民族的精神导师,例如古希腊的苏格拉底、柏拉图、亚里士多德,中国古代的孔子、老子和庄子。他们的思想观点对文化传统影响极大,可以说,他们是各民族文化传统的缔造者。他们的思想已经深深地融汇在各民族文化的精神之中。

哲学史就是哲学

同任何学科一样,哲学有其产生、发展的过程,即哲学的历史,这就有哲学理论与哲学历史的关系。哲学作为人生的大智慧,作为人对宇宙和人生问题的思考,集中地表现了人类意识的发展水平,因此可以说,哲学史就是人类意识的进化史。历史上的哲学家,每一位都为人类意识的发展与进化做出了贡献。从现象上看,哲学史表现为不同学派、学说和哲学家们斗争的历史。后起的哲学家批判前面的哲学家,当他宣布自己发现了真理的时候,他已经面临着后人的批判。哲学史似乎是哲学家们相互斗争、相互推翻对方的历史,但这只是表面现象。事实上,没有一个哲学是被彻底地、绝对地推翻的。每一个哲学都有部分的真理或片面的真理,只是每位哲学家都感到自己掌握了真理,并且强调自己的理论的重要性,于是把自己的相对的真理夸大为绝对的真理。其他哲学家则批判其理论的片面性,力图推翻他。当后人推翻前人哲学的时候,是把前人哲学中所包含的真理性,所达到的认识成果,吸收到自己的理论中的。因而,所谓某种哲学被推翻了,并不是绝对地被抛弃了,而是相对地被推翻了。某种哲学被推翻的,并不是其全部内容,而是其自诩的绝对性。

人们推翻它,只是把它所自诩的绝对性,降为相对性,把它放到人类哲学发展长河之中,成为人类认识史的一部分,成为人类智慧长河的一个支流。随着人类哲学的发展,哲学的长河容纳百川,越来越壮阔,后来的哲学在理论内容和思维水平上,是前人所不可比拟的。可以说当代的哲学理论是以整个人类哲学的发展为背景和基础的,是哲学史一切优秀成果的较大成就。伟大的哲学理论体系包含着人类整个哲学史,而哲学史也就是这个理论体系的内容在时间上的历史表现或展开。哲学理论是哲学史的结晶和精华,哲学史是哲学理论的历史形态。理论和历史是一致的。哲学史中的精神实质就是哲学。

如果哲学理论是精炼了的哲学史,而哲学史则是展开了的哲学理论,两者实质是一个东西,那么,人们只需要研究哲学理论,又何必要花气力去学习哲学史呢?只要好好地研究哲学理论不就可以了吗?回答是否定的。尽管哲学和哲学史是一致的,但是,不好好地研究哲学史仍然不可能学好哲学。就是说,人们实质上是通过历史来学习哲学的,如果离开了哲学史,仅仅学习哲学理论,是不能成功的,或者说,是不可成为哲学家的。事实上,哲学家同时就是哲学史家。不熟悉哲学史的哲学家是没有的。在当代中国,胡适、冯友兰、朱光潜、贺麟、梁漱溟、熊十力等,这些哲学大家都是熟读经史的饱学之士,都对中西哲学史有精深的研究。

在人类的各学科中,对学科历史的依赖性是不同的。有些学科,不学习该学科的历史就可以学好这门学问;有的学科,离开了历史则不可能掌握其理论。自然科学的各学科,可以不研究学科史,就可以循序渐进地学好其理论。例如,我们不必学习物理学史、化学史,却可以学好物理学和化学。社会科学的一些学科,对学科史的依赖性开始增强,学习历史对于掌握该学科理论的作用逐渐重要起来。例如,经济学和政治学,学习历史对于掌握其理论是大有益处的。在大学里,物理系、化学系的本科生,没有历史课。经济学系、政治学系的本科生,学科史却是其必修课。在哲学系、文学系,历史成为其最主要的基础课,是学生最重要的课程,就是说,学科史是其掌握本门学科的基本功。事实再清楚不过了,文学系的学生,离开了《诗经》、《楚辞》、先秦散文、汉赋乐府、唐诗宋词、明清小说,离开了这些历史作品,还说什么文学?文学本来就在历史中。同样,哲学系的学生也是通过学习西方的柏拉图、亚里士多德、康德、黑格尔,学习中国的孔子、老子、墨子、朱熹、王阳明等中西哲学大师们的著作来学习哲学的,如果仅仅学习一本哲学原理,根本不可能学好哲学。

学习哲学必须学习哲学史,这是由这门学科的性质决定的。

首先,哲学同其他学科相比,其共性与个性程度不同,哲学的个性很强。所谓个性,即一门学科的理论所具有的差别性。自然科学个性最弱,甚至可以说,自然科学无个性。任何一个自然科学定律,对于一切民族、一切阶级、一切个人,都是完全一致的。人们不会追求具有民族特色的自然科学,更不会追求具有个人特点的自然定律。尽管几个世界大国拼命地独立发展洲际战略武器,但是它们制造导弹时应用的是完全相同的物理学原理。苏联和美国的太空飞行器在太空中可以进行对接,因为它们的制造工艺和科学原理完全相同,既没有民族性,也没有阶级性,更没有制造者和发明者的个性。社会科学则表现其个性。社会科学具有民族性和阶级性,例如法律,西方的法律思想同东方的法律思想是有差别的,不同阶级对法律的理解也是不同的。哲学的个性比社会科学还要强,不仅各民族、各阶级的哲学有差异,而且哲学作为人生的智慧,也会因个人的社会经历不同而有所区别。例如,释迦牟尼感到人生犹如苦海,对现实人生丧失信心,这同他所在的小王国面临险境有关。

各门学科的个性程度的差异,形成了它们对历史依赖的不同程度。个性弱、共性则强,共性强则理论的继承性强。自然科学无个性,因此后来的理论完全继承并包含了先前的理论,学习了后来的理论等于掌握了该学科的历史。哲学个性很强,每个哲学理论都要突出自己的个性,并且尽量否定其他理论以保持自身的特点,这样,哲学的继承性就不够强,后来的理论不可能完全包含先前理论的内容。因此,需要通过历史的研究,掌握先前哲学大师们曾经思考过却没有被吸收后来理论的那些问题,以充实新的理论,而且,可以借鉴前人的思考成果,以避免无谓的浪费。每个人从小学、中学到大学,他所掌握的某一门自然科学知识,包括了该门科学的从古至今的全部历史成果,可能有某些最现代的新成果还没有掌握,但是,决不可能遗漏历史上的某些成果。在哲学领域却不能如此,即使是最先进的哲学理论体系,也不可能完全地包含整个哲学史。因此,学习哲学史,是系统地研究哲学的必要条件。

其次,各门学科研究对象的复杂程度不同,定量、定性分析的程度有别,学科概念的精确程度不一样,由此导致人们掌握它们的方法各异。相对说来,自然科学的研究对象明确简单,而且是严格的定性、定量研究,因此其科学概念十分精确。例如"原子量"这个概念,人们不需要了解这个概念的形成史,就可以准确地理解这个概念。社会科学的概念则开始发生含混。例如,现代社会学的各种结论,都有一定的或然性,因为社会学是运用概率的方法进行调查研究的。同样,在法学领域,对于一个犯罪行为要做出精确的定性、定量分析是很困难的。哲学概念是最不精确的。哲学概念仅仅是定性的,无法定量。而且,哲学概念都是成对的,一对概念之间是对立统一的辩证关系,要理解一个概念,必须要从它同其对立面概念的关系中才能做到。例如,要理解本质,离不开现象;要理解必然,得借助于偶然;要理解一般,必得从个别开始。对于这样的哲学概念,仅仅靠某种哲学原理,对某个哲学概念下个定义,是根本不可能真正领会的。只有了解了这个概念的演化史,才可能较好地把握它的丰富内涵。所以,学习哲学史是学习哲学的必由之路。

再者,各门学科的可操作性和操作方式不一样。自然科学的操作性强,人们在实验操作和运算操作当中,已经重复了一门学科从简单到复杂的历史发展过程。人们在历史的重复操作中可以扎实地掌握这门知识。例如,从小学到大学,学生的习题是在重复数学史,学生的物理实验是在重复物理学史。社会科学的可操作性开始减弱,而哲学几乎没有可操作性。哲学是思辨发展的过程,要达到人类最高的思辨能力,只有通过哲学史的思辨过程的训练才能做到。因此,学习哲学史,是哲学特殊的操作方式,即重复人类的思维发展史。

哲学是人生的智慧,要掌握人生的这种大智慧,就要学习哲学史,同人类历史上的那些先哲们对话。学习哲学史不是为了知道一些历史知识和历史故事,而是为了学习历史上的先哲们是怎样思考问题的。只有这样,才能学会像他们那样进行哲学的思考,具有大智慧。

中西社会的差别与哲学的差别

哲学这种大智慧,表现着不同的民族对宇宙与人生的理解,因此,哲学集中地体现着一个民族的文化,是一个民族文化的核心。或者说,不同民族的文化差别首先表现为哲学的差异。研究我们民族的哲学,了解我们民族的文化与哲学同西方的差异,对于发展我们中华民族的文化,促进我们民族的进步,是极有意义的。

为了解中西文化的差别,让我们一起来看一个事实。英语是最有代表性的西方语言,从英语中可以寻求西方文化的精神。"ambition"一词,字典上英国人解释为"对成功、权力、财富等的强烈愿望"(strong desire for success, power, riches, etc.),至于这种"强烈愿望"是好的还是不好的,这个词表示不出来。但是,在汉语中,却没有这种中性的词,要么是野心,要么是雄心。英语中的这个词强调的是不安于现状的愿望,至于这种愿望所具有的伦理性质,善与恶的价值,却没有反映。

我们再来看一个事实。英语中"uncle"一词,表达的是一个人对于比自己大一辈的所有男性亲属和朋友的称呼,这些男性长辈不再做细致的区分。汉语则不行,叔叔、伯伯、舅舅、姑夫、姨夫,必须分得清楚明白。同样,英语中"aunt"一词表达一个人对所有比自己大一辈的女性亲属的称呼,汉语则区别称呼为姑姑、姨妈、舅母、婶子、伯母等。

我们从这两个事实入手,来分析中西文化的差异。第一个事实说明,中国文化特别注重伦理,善恶是中国文化的基础观念。良心是中国人安身立命的基础,是做人的根据。对于中国人来说,信仰什么并不是第一重要的。道教的神仙、佛教的菩萨、伊斯兰教的安拉、基督教的上帝、原始宗教的鬼魂狐仙,不管你信什么,大家都可以和睦相处。中国人没有宗教的偏执,没有宗教的狂热与愤恨,也从不会因宗教信仰问题发生战争。13世纪时,马可·波罗到中国来,看到中国社会中宗教之间十分宽容,没有西方中世纪基督教的那种黑暗的异端裁判所,对此曾大为惊奇。他并没有意识到两种文化的差异。在西方,不同宗教之间通婚是不可想象的,在中国,宗教差异不构成婚姻障碍,因为宗教在生活中并不占有首要的地位。说一个中国人不信教,并不是什么太大的责难;说一个中国人"缺德",却是十分严重的责骂,要引起强烈的反应。西方人做人的基础观念是人之外的一个绝对的真实性,它可以是宗教的上帝,也可以是哲学中某种形而上的实在性或本质。有了这个绝对真实的存在,西方人做人就有了根据。可以把西方文化总结为外向求真型,这里所谓外向,即在人心之外的某种客观实在,具有绝对真实性。对人之外的绝对真实的存在的理解,构成西方文化的核心内容和基本精神,所以,西方宗教特别发达。同时,哲学中本体、本原等思想即所谓形而上学特别发达。宗教和哲学形而上学是以不同形式表达西方人对绝对实在性的理解。可以把中国文化概括为内向求善型,中国传统文化认为,天人合一,良心即是天理,不必去追求什么脱离人的真理,只要从人自己的内心,可以发现做人的根据。真正有力量的不是在人之外的什么绝对实在,而是人自身。一个人只要做到了心正,就可以实现大事业。人们在诚意、正心、修身的基础上,就可以齐家、治国、平天下。因为齐家、治国、平天下的道理,也就是人的良知、良能。所以,只要能做到诚意、正心、修身,就可以发挥自己的良知、良能,成就大事。中国文化把内圣看作根据,只有内圣,才能外王。而且,中国哲学讲的就是内圣外王的道理。总结起来,西方文化倾向于外求,中国文化倾向于内求。外求就是求真,内求就是求善。求真的要构造宇宙的本体,构造绝对真理的体系,所以哲学形而上学和宗教比较发达。求善的要讲清做人的道理,阐述人的良心的内容,所以伦理思想是文化体系的核心。中国古代哲学史是以伦理思想为基础与核心的,哲学家们很少脱离做人的道理去构造纯粹的理论,而是围绕做人的道理来阐述自己的观点。中国文化表现出强烈的伦理色彩,同西方文化鲜明的宗教特征,形成对比。这是我们从第一个事实中分析出来的道理。

  第二个事实可以帮助我们对第一个事实做出解释。我们从中国和西方对家族血缘关系的不同态度上来理解双方文化的差异。西方人对亲属的称呼比较概括、笼统,如无特殊必要,分得并不清楚。中国人对亲属的称呼则相当精确、细致,不仅父系、母系分得明白,而且年龄长幼也井然有序,伯与叔、伯母与婶子,每一称呼几乎只针对一人。如有两位伯伯,则分别大伯、二伯。西方人有两位伯伯,可以称呼不同的名字,中国人对长辈不可直呼其名,否则视为不敬。中国人比西方人更加重视家族血缘关系,家族观念在中国人的思想中占有极其重要的地位。在传统的中国农业社会中,可以说,一个人活着不是为了自己,而是为了家族,劳动挣钱为了赡养家人、族人,读书求功名为了光耀家族门庭。为了家族的利益,个人的利益和幸福可以抛弃。例如,某家族为了利益而与另一家族联姻,这家族中的青年男女就得牺牲自己的青春和爱情,同素不相识的人结为夫妻。毛泽东同志在《湖南农民运动考察报告》中指出,中国封建社会中形成了一种独特的权力——族权,族长有很大的权力,可以在国家权力之外,自设公堂,在家族的祠堂里对违犯族规的族人施行打屁股、沉潭、活埋等残酷的肉刑和死刑。几千年来,中国人生活在严密的家族宗法关系之中,并且把这种关系扩大到整个社会,皇帝是全国的家长,地方官是一个地区的家长。中国传统社会的最小单位不是个人,而是家族。一个人出了问题,受到的惩罚不是他自己,招来的是满门之祸,同样,一个人得了势,也使得整个家族鸡犬升天。这种以农业文明为基础的家族宗法社会,其文化的内容和性质,同西方社会有显著的区别。为了维护家族宗法社会的秩序,需要制定出一整套详尽的理论,这套理论就是伦理。伦者,秩序也,人伦,即人与人之间的尊卑长幼之序。伦理,作为人伦的理论,同天理是一致的。伦理是中国最发达的理论,从孔子以来,任何一个读书人都可以满口仁义道德。中国传统文化是以伦理为核心的内向求善型文化,同西方那种以宗教为核心的外向求真型文化形成鲜明的对比。

哲学是对整个世界和人生进行思考的智慧,包括本体论(形而上学)、认识论(知识学)、伦理学等一些分支学科。中国传统文化是伦理型的文化,中国哲学史的核心内容同样是伦理学。中国哲学家们不十分关心本体论问题,世界是由什么构成的,万物运动变化的规律是什么,茫茫宇宙中天体是怎么运行的,对于这些问题,中国哲学家们认为是不切实际的清谈。中国哲学家主张"经世致用"的理论,伦理问题是最实用的,所以,把主要的精力用于伦理学。在西方哲学史中,本体论、认识论构成其理论的主要内容,伦理学是次要的分支。西方哲学家认为,伦理学确实是重要的,回答善恶问题,关系到人的幸福,哲学家们应该关心。但是,要回答伦理学的问题,必须依据宇宙的普遍法则,人伦之理必须服从天理,服从上帝制定的自然规律,本体论应该是伦理学的理论基础。同时,本体论探讨关于宇宙的真理,必须要用正确的方法才能达到,研究正确的方法则是认识论。这样，伦理学以本体论为基础，以认识论为前提。伦理学虽然重要，甚至可以说是哲学研究的目的，但基础和前提更重要，于是，本体论、认识论成为西方哲学的主体内容。中西哲学对不同分支的两种态度，使得这两个哲学系统在主要内容和理论性质上区别开来。西方古典哲学是以本体论、认识论为主要内容的科学精神贯穿其中的求真的哲学，中国古典哲学是以伦理学为主要内容的，以人本精神贯穿其中的求善哲学。当然，这种划分是要有限定的，并不是绝对的，科学不是不关心人，人本哲学并不绝对排斥科学。

求真的科学精神贯穿在西方哲学中，使得西方文化总是倾向于对宇宙、对自然的理解，创造了许多本体论、宇宙生成论的体系和假说，并且逐渐地培养和摸索出分析研究的方法，创立了定性、定量研究的实证的近现代科学。求善的人本精神贯穿于中国哲学中，使得中国文化局限于从家族血缘关系去规范人的生活，编织了一套又一套束缚人的理论，这些理论并没有超出孔子提出的君臣父子、忠孝节义的基本观念，使得中国文化缺乏发展的活力。中国文化强调学以致用，而且是齐家治国的实用，所以中国哲学家们没有兴趣思索宇宙的奥秘，创造不出富有想象力的本体论、宇宙论体系。在中国科技史上，发明创造几乎都是应用技术，缺乏理论性的自然哲学，缺乏基础理论的研究。

从上面中西文化的对比分析中可以看出，一个民族中的哲学、科学与整体文化的基本精神是密切相关的。因此，发展民族文化，是一个全面的系统工程，不是单个纯粹的科学技术的发展问题，而且包含哲学等民族思维方式的演进。提高中华民族文化，也包括创造出崭新的中国哲学。

第二章 中国哲学的起源与基础观念的奠定

哲学产生之前的人类意识

人类已有几百万年的历史,但哲学的历史却只有两千多年,这说明哲学是在人类社会发展到一定阶段上才产生的。世界上主要有三个哲学体系,欧洲哲学、中国哲学和印度哲学,其他地区的哲学大致是从这三个体系中演化而来的。这三个哲学体系大约都产生于公元前6世纪前后,即社会进入奴隶制不久,古典文明的繁荣时期。

为什么哲学不能更早一点产生呢?因为哲学是人类最早的、理论的、科学的认识形式,是从原始宗教神话和传说中脱胎出来的,这种理论科学的认识形式的产生是需要条件的。首先,物质生产的发展必须达到一定的水平,人们对事物的认识有所深入,对事物接触和观察的范围达到一定的广度。其次,人们要积累一定数量的文字资料,这资料可以是传说,可以是神话,可以是生产生活经验,在这些资料的基础上,才可能创造出具有概括性和抽象性的哲学理论。再次,人类要具有较为发达的思维能力,不仅要有丰富的想象力,而且要具备抽象的逻辑思维能力,如果离开具体形象就不能正常思维,就不能从事理论活动。人类语言要达到一定的完善程度,必须具备一些最抽象、最普遍的词汇。所有这些条件,只有在人类进入文明时期,进入奴隶制时期,才能具备。青铜、铁器的使用,是人类对事物认识的深入,标志人类冶炼技术的进步;脑体劳动的分工,使一部分人专门从事精神产品的制造,这部分人的思维能力迅速提高,使人类整体水平提高,使文化资料得以积累。

人类最早的哲学是十分幼稚简单的,这是由于刚刚从原始意识中发展而来。为了理解最早的哲学,应该讨论一下原始意识的情况。所谓原始意识,就是人类在哲学的理论的认识产生以前的低下的意识,文明人类产生了理论意识,哲学产生以前的非理论的低下的意识是原始人的意识。

原始意识的存在是有依据的。因为地球是由物质组成的,生命也是由物质组成的,地球上的生命物质与非生命物质都有相同的物质属性,但很显然,生命物质与非生命物质又有根本的区别,因此,地球上的物质在由非生命阶段飞跃到有生命阶段的同时,一定有一个区别于物质属性的新属性的产生,这种新属性就是原始生命的第二属性,也就是原始意识。一切非生命物质仅仅具有物质属性,而原始生命不仅具有物质属性,而且也拥有了原始意识,正因为有了原始意识的存在,原始生命才与非生命物质有了根本的区别。因此,原始意识是区别原始生物与非生物的根本标志,地球上的某些物质因为这种新属性的诞生而同时拥有了生命,原始意识的诞生标志着生命的真正起源。

原始意识是人类语言形成期的意识。我们面对一件事物,不仅要知道它"是什么",而且想知道它"为什么"。前者是对事物的识别,后者是对事物的理解。原始人类也想知道"为什么",但主要是以"是什么"为意识内容。当原始人知道了"是什么"以后,心灵就得到了满足。这就像人类个体意识童年期的情况。语言形成期的儿童,提出的问题大多是"这是什么""那是什么"。人们只要告诉他"那是一只鸟",幼小的心灵就得到满足,感到已经理解了那个对象。原始人类就是在漫长的对事物的识别过程中,通过劳动和集体协作,逐渐学会用一个符号标示事物和动作,这符号先是声音,即语言,后是形象,即文字。人类个体意识在进行理论思维以前也需要一个咿呀学语的阶段作为基础,这实际上是重复人类意识的进化过程。原始意识虽然简单,但却是人类语言的形成期,是人类意识发展的前提和基础。

原始意识是拟人的、童话式的意识。人作为人，区别于自然物。人是实践的主体，世界是人的客体。人是有意识、有精神的，自然物却没有，动物心理并不是人类意识。原始意识不懂得这一点。原始人对于自然界的一切，包括他们自己在内，都看成是同等的存在物，没有本质的区别。人和动物、植物、矿物一样，无差别地同为一个自然物。反之，动物、植物、矿物也和人一样，有灵魂、有感情。人即是物，物即是人，万物划一。这是一种万物有灵的简单观念，是原始崇拜和宗教产生的基础。这和人类童年的个体意识一样，儿童把他的玩具和周围的一切事物都看成和自己一样的，大灰狼和小白兔都是像人一样有善恶之分的。

原始意识是部落的、群体的意识。原始人没有个体意识，因为个人在群体中没有个人利益的差别。原始人群是以血缘为纽带的，没有政治的、阶级的、文化的差别，也没有不同于群体的个人意识。原始意识是集体的或群体的传说和神话，经过若干万年，这群体的传说才可能发生一点改变。人类意识的快速发展主要依赖于个体意识即思想家的创造性的推动，原始人群中没有个人意识，因此其进展是极其缓慢的。而且，群体意识对于任何改变都持敌视的态度，这使得原始意识成为世代相传的呆滞的意识。

原始意识是图画式的、具体的意识。原始人抽象思维能力很低，不能离开事物的具体形象，其意识内容是形象的、图画式的。这明显地表现在原始人的语言中。在许多原始部落语言中没有树、鸟、鱼等一般性的词，却有大量具体的树、鸟、鱼的词。在澳洲，一个原始人可以叫出他的50条猎犬的名字，却不会说"猎犬"这个词。因为他每叫一个名字时，他脑中呈现的是那条猎犬的形象，但"猎犬"这个词，标志着无数的个体，他脑中没有具体的形象，所以他创造不出这个词。人类个体在童年学话时，最先学的是名词、代词，如爸、妈、果等，这些词有具体形象，儿童说这些词时，脑中呈现与之相应的形象。如果在儿童学话时，首先教他说"本质""属性"等词,可能对儿童的语言成长造成障碍,甚至可能对儿童的智力发展产生极坏的作用。人类意识的发展是从具体到抽象的循序渐进的过程。在日常生活中,如果认真观察,就会发现,人的文化程度和语言的抽象程度是成正比例的,文化程度越高,使用的语汇越抽象。科学语言往往是枯燥的符号,日常语言则比较生动形象。原始人创造了许多神话和传说,却不能创造出抽象的理论。

原始意识是未分化的、笼统的意识。人的意识是一个综合体,包括理智、情感、意志等多方面。面对客观事物,人要运用理智,冷静地对它认识,不能把个人的情感和愿望掺杂进去,否则就不能掌握事物的真实面目。科学是理智的结果,科学排斥情感和欲望。人们通过文学艺术、宗教等表达宣泄自己的情感和欲望。但是,原始人没有能力把自己意识中的这不同的方面区分开,这犹如一个儿童,总是把自己的愿望当成事实。原始人这种笼统的不分化的意识,不可能产生出分门别类的知识部门,只有一个浑然一体的人类意识的母体,人类的各种意识形态,都是从这母体中逐渐分化出来的,最早的哲学就是从原始意识中脱胎出来的。

随着人类的进化与发展,原始人类在语言成熟之后,试图理解周围世界,要求对事物的生灭变化及其相互关系做出说明。由于原始意识的上述种种特点的限制,原始人对世界的理解,不可能采取科学的理论的形式,只能以幻想的、虚构的形式表达出来,这就形成了原始宗教神话。

"万物有灵"观念是原始宗教神话的基本观念。原始人相信万物同人一样,身体内具有一种精细的使之具有活力和精神的灵魂。万物也像人一样有情有义,有乐有悲,有爱有恨。因此,原始人面对强大的自然,在山丘、河流、树木、野兽、风雨雷电、日月星辰面前,感到自己力量的微小,这些自然物是决定他们生命和生活的不可抗拒的力量。他们对这些自然物怀着极其复杂的心情,爱和恨交织在一起,但有一点是明确的,就是对这些自然物要敬畏。原始人拜倒在自然力面前,希冀感动自然,赐予他们幸福。在"万物有灵"观念的基础上，诞生了最早最简单的宗教——自然崇拜，又可以叫作拜物教。最初级的拜物教是崇拜自然物，即上面列举的那些。进一步把人造的一些物品也纳入崇拜的范围，就是灵物崇拜，例如护身符，《红楼梦》中贾宝玉的石头，薛宝钗的金锁，就是灵物崇拜的遗迹。有些民族把某种自然物特殊崇拜，例如非洲的某个部落崇拜蚂蚁，我国古代南方的某个部落崇拜熊，并且把这种特殊的自然物作为自己部落的标志，把它看作是与自己部落有血缘关系的亲族，这种自然崇拜又称图腾崇拜。古人相信，死去的祖先的灵魂仍然对活着的人发挥作用，于是就产生了祖先崇拜。因为祖先是人，是自然界的一部分，所以，从宗教分类学角度看，祖先崇拜也属于低级宗教，是自然崇拜的一种。中国是最重血缘的民族，中国文化中祖先崇拜是极其发达的，直至今日，祖先崇拜在当代我国社会生活中仍发挥重要作用。

原始宗教发展的最高形式是多神教。在原始意识发展的条件下，原始人以自然力或自然物为原型，赋予其人格，凭借想象力，创造出一些具有人的形体和性格的神，这些神每一个都是一种自然物或自然力的变形。于是，就产生了太阳神、山神、河神、雷公、电母、风婆等。在原始社会，众神之间没有尊卑隶属关系，到了奴隶制国家建立以后，多神教进化为其最高形式——主神教，众神中产生出神王，这是主神，神的世界也和人间一样，区别为主和臣。

多神教中已经萌芽了一些哲学的思想要素。在世界各民族中，都流传着万物产生、宇宙由来的创世神话。希腊人有众神造人、普罗米修斯为人类盗天火的故事；以色列人有上帝六天创世、亚当是人类始祖的故事；波利尼西亚人、马来人、印第安人、北欧人，都有自己的创世神话。我国有盘古开天辟地、女娲造人补天的故事。所有这些创世神话，都相信世界万物是从某种最原始的神生殖、发源而来的。这是一种"宇宙由来"观念，这种观念把万物的缘由归结为一种，用一种创世神话去解释，尽管其解释的具体内容是虚幻的,但却萌芽着从现象中追求本质、从万物中思索本原的思想倾向。多神教中有许多神话故事,在这些故事中,一切神和人,包括众神之王,都必须服从"命运"和"天数",这是绝对不可违抗的力量,否则将受到惩罚。这种天命的观念,是客观规律思想的萌芽,人们逐渐从天命观念进化出"天行有常"的自然法则的信念。

原始宗教神话是人类意识的母体,其中蕴藏着、培育着人类后来的各种意识形态,不仅哲学的理论意识从中发源,而且文学、艺术、历史、政治、法律等人类意识形态,都可从中追溯到自己的起源。

商周哲学思想的萌芽

哲学的正式产生往往以某位哲学家及其著作为标志。在古希腊,泰勒斯被公认为是"哲学之父",他的盛年大约在公元前585年。中国第一位哲学家,无论主张是孔子,还是主张是老子,都是东周时人。在他们之前,中国已有哲学思想的萌芽。我们把孔子或老子作为中国哲学的正式开端,而把他们之前的夏、商、西周时期的某些思想当作中国哲学思想的萌芽。

萌芽中的中国哲学思想主要体现在被后来的儒家定为"五经"的诗、书、礼、易和春秋五部著作。

诗即《诗经》,《诗经》是我国最早的诗歌总集,收入了自西周初年至春秋中叶大约500多年的诗歌305篇(另外还有6篇有题目无内容,即有目无辞,称为笙诗)。《诗经》共分风(160篇)、雅(105篇)、颂(40篇)三部分,它们都有别于音乐。"风"大都是民间乐歌,从民间收集上来,经文人润色而成。今天,人们把到民间收集民歌和口头文学称为"采风",即源于此。"雅"和"颂"是上层统治阶级在比较正式的场合,例如祭祖、敬神、宴会等场合所用的乐歌。诗经反映的社会生活极其广泛,包罗人生万象,从战争到和平,从闺房到宫廷,从农田到政府,从政治到恋爱。正是由于《诗经》的内容丰富,所以我们才可以从中看到当时哲学思想的萌芽。

书即《尚书》,尚者,上也,意为上古之书。这是我国最早的一部政治历史文献,主要内容为夏、商、周各王朝帝王们的文告和宣言。各代帝王都自称是受命于天,他们的文告表现了社会上层统治者的世界观。孔子认为古代帝王尤其是开国帝王,都是圣人,他们的文告自然应视为经典。

礼即《礼记》,记载了周王朝的各种仪式制度,《礼记》中的典章制度和仪式规则被严格地确定下来,并成为区别身份和维护现存秩序的行为规范。

易即《易经》,成于何时,历来说法不同。司马迁在《史记》中曾说伏羲和周文王是《易经》的创造者,这只是传说,不可信以为真。《易经》是华夏五千年智慧与文化的结晶,被誉为"群经之首,大道之源"。此书不会是某个人所作,而应是经过长期积累形成的。本书思想形成于商周之际,表现了当时人们对世界的形而上的理论思考,代表了中国古代的宇宙观。遗憾的是,本书所表达的思想后来没有进一步演化发展为科学的理论思维,而是被术士们所利用,成为占卜吉凶的巫书。

《春秋》是古代中国的儒家典籍,被列为"五经之一"。《春秋》是鲁国的编年史。周王朝所封各国,都有本封国的历史记载,而且各有各的名称,例如楚国史名《梼杌》,晋国史名《乘》。孔子是鲁国人,传统上认为他重新修订《春秋》,并且借此阐发他的政治理想。由于孔子创立的儒家学派后来成为中国思想界的主流,所以本书发生了重要影响,书中对历史事件的褒贬成为后来历史著作的典范。由于其影响力的巨大,以至于后世称史书为春秋。

以上五部书,是中国最古老的历史文献,也是对中国文化产生影响最大的文献,可以把它们叫作中华文化的"元典"。它们所提出的观念,源远流长,以至于我们可以说,要真正地理解中华文明,必须从这五经开始。

商周时代产生了中国文化中两个最基本的观念,"天命"和"上帝"。

天,不是天空,而是整个宇宙;宇宙,也不是宇宙的事物,而是宇宙事物所遵循的命运。天和命往往连在一起,称为天命。天是冥冥之中一种不可抗拒的力量,有时天是一种人格神,这时的天命就成为天的命令或天的意志,但天主要不是指某个神,而是一种不可掌握又不可抗拒的定数。帝是至上的,又称上帝,是世界的主宰,是一个人格神,是多神教中的主神。上帝是天的体现者,上帝的意愿就是天命。帝和天这两个观念有时是一个含义,但各有侧重,天主要侧重于命,帝主要侧重于神。这犹如封建社会中的法律和皇帝,两者不同,但有时皇帝的意志本身就成了法律,两者成了一回事。

　　商周的统治者都以天和帝这两个观念来论证自己政权的合法性和行为的合理性。《诗经·商颂》说:"帝立子生商。"商代统治者自称是上帝的子孙,代表上天来管理臣民,做什么事情,都要征得上帝的同意,甲骨上记载着占卜问上帝的卜辞:"伐舌方,帝受我佑?"(征伐舌国,上帝给我们保佑吗?)"王封邑,帝若。"(商王要建筑城邑,上帝允诺了。)商代的统治者把自然现象、社会动乱、生死福祸等,都说成是上帝的意志,理解为天命。周代统治者更加发展了天命观念。周武王之弟、周成王之叔、周初大政治家周公旦,对商朝旧贵族宣布说:"非我小国,敢弋殷命,惟天不畀。"(《尚书·周书·多士》)(并非我们小小的周国敢于取代殷商大国的王位,只是因为上天不再给殷商王命罢了。殷商失去天命,理应灭亡。)"惟帝不畀,惟我下民秉为,惟天明畏。"(《尚书·周书·多士》)(正因为上帝不给你们王命,才使我们得到人民的拥护,可见上天是清明可畏的。)这里,周公旦认为天命和民心是一致的,失天命者也失民心。周公旦参加了武王东征,并领导平定了殷贵族的叛乱,看到了由于奴隶的前线倒戈使殷王朝灭亡的事实,他对天命的认识加深了。他提出了:"天命靡常。"(《诗经·大雅·文王之什》)(天命是可以改变的,并非恒常永驻。)要保持天命,就必须取得民心。"民之所欲,天必从之。"统治者应该

"敬德保民",要施行德政,保护人民,才能"以德配天",达到"享天之命"的目的。周公的这些观念,把天命和民心、德政、人事联系在一起,以德政和民心去求天命,这中间包含着几方面的思想因素。首先,天人一致的思想,天命虽是冥冥之中的神秘力量,但天命同于民心,民心即人民的思想、感情、意愿,从民心可见天命。因此,天理良心是一致的,这是后来发展出的观念。其次,统治者要应天命,必须"以德配天",要实行德治、仁政,要重民保民,这是后来儒家的主张。

当人遇到巨大灾难和痛苦时,西方人说"我的上帝"(My God),中国人说"苍天啊"。西方人的上帝是个人格神,含义十分确定。中国人的"天"含义十分复杂。但仔细分析,上帝和天是一致的。上帝是神,同时,上帝有思想,这思想既遵循一定的规律,又符合逻辑,是万物遵循的规律和法则,所以,上帝也有两面——神与理。中国人的天,也有这两方面含义,天作为神,即天帝、上帝,天作为理,即天命、天数。《尚书》中记载的天、帝观念,在中国文化的发展中,一直发生重要作用。

《易经》中的阴阳观念,也是中国文化中的基础观念。阴阳观念早在商代已经产生。这种观念,既把阴阳看作是事物的两种属性,又是引起事物变化的两种力量。阳代表了天、日、昼、暑、刚、强、男、牡等,阴代表了地、月、夜、寒、柔、弱、女、牝等。两方面互相依存,互相作用,是宇宙万物生死流变的原因。例如山,南面向日为阳,北面背日为阴。例如水,南面为阴,北面为阳。即使不去汉阳,也可知该地在汉水北岸,而淮阴必在淮水之南岸。阴阳是商周时期人们对事物两种矛盾、对立属性的哲学概括。阴阳必须均衡,阴阳均衡,世界才能风调雨顺,万物才能生灭有序,阴阳一旦失调,无论是物是人,还是整个世界,都会出问题。阴阳观念在《易经》中得到充分发挥。《易经》是一部推究阴阳变化、预卜吉凶祸福的占卦书。易,变易也。《易经》突出事物流转变化,并且用阴阳来解释事物的变化,这是合理的观念。但是,要通过阴阳关系来预卜未来、测算吉凶，则陷入了神秘主义的愚昧思想。在《易经》中，阴阳符号叫作爻，阴爻是— —，阳爻是———，由三爻组成一卦，共组成八卦：乾、坤、震、巽、坎、离、艮、兑。八卦分别代表天、地、雷、风、水、火、山、泽八种自然物。

八卦是基本的"单卦"，每两卦重叠排列，产生六十四卦，叫作"重卦"。例如乾卦重叠成(䷀)，坤卦重叠成(䷁)，乾坤两卦重叠成(䷊)，六十四卦每卦都有一名称。八卦共有二十四爻单卦，变化比较简单；六十四个重卦，每卦六爻，共有三百八十四爻，变化复杂，用以推测事物的复杂关系。对卦的理解要从象、数、辞三个方面来考虑。象即每卦六爻所组成的图像，如泰卦的图像是(䷊)，屯卦的图像是(䷂)。数是指卦的变化按阴阳符号以六爻为一组，排列组合而成的数的体系。辞是指每一卦和爻所附有的解释词，称为卦辞和爻辞。占卜时要根据象、数、辞三方面综合考虑来推测吉凶。

八卦卦象

我们今天并不关心如何用《易经》来算卦，而是对其中所包含的一些哲学思想感兴趣。首先，后来的人们谈到《易经》作者时说，八卦的作者"仰则观象于天，俯则观法于地"，他们"近取诸身，远取诸物"(《易传·系辞》)而作八卦。这种观物取象的方法，是古代人类进行哲学思考的基本方法。古代缺乏科学知识，只能凭日常观察来理解世界，阴阳观念主要是从观察动物和人类两性差别中产生的。在广泛观察的基础上，从事物中抽象出阴阳两种性质，并表达为两个抽象符号。其次，《易经》中事物对立、交感的观念特别突出。事物都是阴阳两种力量相互对立而成的，事物阴阳交感才通畅顺利。阴阳对立，阴阳交感，只有单方势力，没有对立方面，则不通畅，于事不利。把事物的状态分为吉凶，并且用卦象去卜吉凶,虽不足取,但其中对吉凶的理解,却包含合理的哲学观念。凡有对立、有动象、有交感的卦都是吉的,否则就是凶的。例如济卦(䷾)水在上火在下,水性润下,火性炎上,水上火下的情势必发生交互作用引起事物动变,因而是吉。与此相反,未济卦(䷿)则是凶卦。《易经》中对卦象的吉凶解释都根据此原则。又如咸卦(䷞)泽在上,山在下,水泽跑到山上面,必引起交感动变,此卦主吉。再次,《易经》中贯穿着事物由低向高发展和"物极必反"的思想。如乾卦(䷀)中的六爻的爻辞,用龙的状况来表示。古代汉民族相信龙是一种能飞腾变化的神物,是图腾崇拜的遗迹。乾卦的六种爻辞,说明龙从低向高飞腾,到了最后,带来了相反的结果。事物发展到一定阶段,就会招致相反的结果,过渡到它的对立面。泰卦第三爻辞说:"无平不陂,无往不复。"这种物极必反的观点是很有合理性的事物辩证发展的哲学思想。《易经》中的这些哲学思想,在春秋战国时期得到传播,事物阴阳对立、变化发展的观念,成为中国人独有的智慧,成为后来的中国文化的基础观念。

　　产生于商周时代并对中国文化发生重要影响的观念还应包括"五行"理论。《尚书·洪范》中提出了世间万物由五种物质组成的思想。"行"字古有街衢道路、通达的意义,通行于万物之中的意思。五行即贯穿在万物之中,构成万物不可缺少的五种物质元素。五行包括水、火、木、金、土。以这五种物质为原始元素,各民族大同小异。古希腊人认为有四种元素:水、火、气、土。古印度人也认为有四种元素:地、火、水、风。中西古代哲学都把水、火、土等当作最原始的物质元素,都来源于经验观察,取于身边比较平常又数量很多的物质,设想由它们来构造万物。今天我们知道,这些都不是基本物质,不是元素,都是化合的或混合的。但是,古人认为它们是不可再分的原始物质。中国五行中有"金",商周时的金指的是铜和锡,或二者的合金青铜。金是从矿石中冶炼而来,以金为原始物质,大约同中国古代冶金铸造技术比较先进有关。"五行说"有利于构造一种宇宙生成论,用以说明万物的多样性。后来,"五行说"同"阴阳说"相结合,成为"阴阳五行说",认为五行相生相胜。相生的顺序是:木生火,火生土,土生金,金生水,水生木。相胜即相克的顺序是:水胜火,火胜金,金胜木,木胜土,土胜水。五行相生相胜的原因是阴阳两种力量的消长,由此导致五行相生相克。五种物质各有性质,称为五德,每一朝代具有一德,五德相生相克,朝代兴衰更迭。例如夏、商、周三个朝代的更替,就是火(周)克金(商),金克木(夏)的结果。王朝改换是五德的转移,称为"五德终始"。阴阳说和五行说都起源于对自然事物的观察,逐渐把这种学说附会到社会现象上,构造出五德转移的"历史循环论",就带上了"天命论"的色彩。阴阳五行说对后来的天文学、医学等也发生了重要影响。

五行图

商周时代,通过五经和其他文献,可以看出已经萌芽了十分抽象的哲学理论,已经具备了创造哲学智慧的意识能力。例如,《易经》中说:"形而上者谓之道,形而下者谓之器。"这种形上和形下的区别,表明已经把事物的形质同事物的规律、法则等本质规定区别开来。所谓道,即事物阴阳变化的法则或事物的理,道、理是无形的,是形上的。所谓器,即事物的道、理作为本质得到的形象、物质,因而是有形的,是形下的。事物是形上和形下的统一,是道和器的统一,是内和外、本质和现象的统一。当然,商周时代的认识不可能这样清楚、深入,但是形上与形下、道和器的区别在当时本身就是十分了不起的。

由于社会变化很大，人们对世界运动变化有比较灵活的认识，从复杂的社会关系中总结出一些辩证思维的智慧。据《国语》记载，西周史官史伯提出了"和实生物，同则不继"的思想。"和"是在差别的基础上去统一，是多样性的统一。"同"是无差别，是单调的自身等同。"和"使事物发展，"同"有害于事物，使事物无以为继。齐国大夫晏婴对"和"与"同"的关系做了形象的说明。他说，如果在水中再加水，人们无法食用，如果水中加入鱼，加入肉和各种调料，就可烹成美味的汤。如果只有一个音调，则是枯燥的；如果高低、长短、大小、刚柔、疾徐等不同的音，便可组成美妙的音乐。水中加水和单一音调谓之"同"，汤和音乐则生于"和"。"同"是简单重复，"和"是对立物、多样性的融汇。如果把"和"与"同"的这番道理用在政治方面，则统治者便应该听得进不同的意见，敢于任用有棱角的人才。

最早的哲学思想萌芽，表现了商周时代人们的智慧。这些智慧大都体现在贵族身上，如有思想的贵族或是亲王、或是大夫、或是史官，这些人既是官吏，又是知识分子。学问和智慧集中在统治阶层内，这种状况不利于思想发展。必须把学问和知识普及、传播、发展在普通民众当中，才有利于思想发展，非官方的思想家才是发展学术的最有力的人群。

第一位教师——孔子

孔子，姓孔名丘，字仲尼，公元前551年生于鲁国的陬邑，宋国贵族的后代，儒家学派的创始人。孔子幼年丧父，家境贫寒，地位低贱，为谋生而学会了许多技艺，所以他自称："吾少也贱，故多能鄙事。"他做过管仓库、畜牧的小吏。后招收弟子讲学，有一定名望。50多岁时，当了很短时间的鲁国的司寇，掌管司法。后带领弟子周游列国，一边讲学，一边规劝统治者实行他的政治主张。他曾席不暇暖地游说诸侯，却总是以失败告终。孔子是中国历史上第一个以私学教授学生的人，他周游列国时，有大批学生跟随着。照传统的说法,"弟子三千,贤人七十二",尽管这说法很可能夸大,但孔子作为中国第一位私人教师,而且是很有影响又极有成就的教师,这是公认的。孔子死后,他的学生根据他的言行,整理成的《论语》一书,是儒家学派的经典。

了解"儒"和"礼"这两个概念对于理解孔子是极其重要的。孔子时代,儒本来是一种职业,或者是具有一定知识的专家,具体说是专门负责办理丧葬事物的神职人员。儒有两种能力:一是有五经的知识,有文化,一是有礼仪的知识,懂得办大事时的仪式规则。孔子作为儒,也具有这两方面的能力。他的五经知识通过他修订五经充分显露出

先师孔子行教像

来。他处于社会下层,诸侯在祭天祭祖和重大政治行动时用不到他,所以他的礼仪知识开始时只能在民间的婚丧嫁娶中应用。但是,孔子对礼的含义做了重大改变。礼不只是一种仪式。由于每个人在仪式中的行为和位置是明确规定的,所以按礼行动也就是遵守自己的社会地位,擅自抬高自己的地位就成为"僭越",这样,礼就成为社会制度。周礼就是以礼仪为表现形式的周代的社会制度。孔子的社会职业是儒,是主持礼仪的,他不能到上层去主持大礼,却在下面把礼仪论证为一种美好的制度,把周代的制度、礼仪当作自己的政治理想,并且从各个方面维护周礼。于是,孔子创立了维护和发扬周礼的学说,他作为儒已不是一种职业,而是一种思想体系,一个学派,儒称为"儒家"。孔子以后,与他不属同职业,而是与他同观点的人,也称为儒家。

孔子身上充满着矛盾,所以后人对他有不同的态度。一方面,孔子

所维护的周礼,实在是已经过时的东西。周朝建立时,分封了许多诸侯国。周天子自称王,下面各国的君主是公、侯、伯、子、男,例如郑伯、晋侯、鲁公等。由于周王室衰微,诸侯国强大,下面的诸侯竟然称起王来,这是对周礼的最大冲击。各诸侯国内的非礼行为也层出不穷。按周礼规定,天子的乐舞是"八佾"(即八人一行,共64人),诸侯"六佾",大夫"四佾"。鲁国的季氏,是个大夫,光天化日之下,竟敢"八佾舞于庭",行起天子的乐舞。整个社会呈现一种"礼坏乐崩"的混乱局面,这不是个别现象,而是一种潮流,是社会发展进步的结果。孔子面对这种局面,义愤填膺,大呼"是可忍也,孰不可忍也"。孔子维护的是陈旧的社会秩序,是一种保守的行为。另一方面,孔子的行为和思想是真诚的,他是在倾其全力干一番事业,呕心沥血实现自己的理想,因而他为后人树立了一个做人的榜样。他为实现自己在政治上、伦理上、思想上的一整套的观点和主张,为我们留下了宝贵的精神财富,丰富了中华文化,成为中国思想史上影响最大的思想家。如果仅凭孔子的政治主张在当时不合时宜就全面否定他,就会忽视对中国传统文化的继承;在研究孔子思想时,要注意到他的保守的一面,正是这一面使得中国传统文化具有维护正统政治的保守性。

孔子的经济思想最主要的是重义轻利、"见利思义"的义利观与"富民"思想。这也是儒家经济思想的主要内容,对后世有较大的影响。孔子所谓"义",是一种社会道德规范,"利"指人们对物质利益的谋求。在"义""利"两者的关系上,孔子把"义"摆在首要地位。他说:"见利思义。"要求人们在物质利益的面前,首先应该考虑怎样符合"义"。他认为"义然后取",即只有符合"义",然后才能获取。孔子甚至在《论语·子罕》中主张"罕言利",即要少说"利",但并非不要"利"。孔子还认为,对待"义"与"利"的态度,可以区别"君子"与"小人"。有道德的"君子",容易懂得"义"的重要性,而缺乏道德修养的"小人",则只知道"利"而不知道"义"。

这就是孔子在《论语·里仁》中说的"君子喻于义,小人喻于利"。有人认为孔子既然重"义",则势必轻视体力劳动。《论语》中记载他对想学农的弟子樊迟十分不满,骂他是"小人"。这种观点是错误的。这是因为孔子认为人要有更大的理想和追求,要承担的是更大的责任。他要让他的学生成为有价值的承担者而不是一个农民。由于孔子保守的政治态度,因此对待经济制度的改革也反映了保守的思想。比如鲁宣公十五年(公元前594年)实行"初税亩",从法律上承认私田的合法地位,是春秋时代的重大经济改革。但是据《左传》记载,孔子修《春秋》时记载"初税亩",目的是批评其"非礼也"。但其认为民众不富足,国君没有富足的。在《论语·尧曰》中还记载,孔子主张"因民之所利而利之",即对民众有利的事情才去做。另一方面,他又主张赋税要轻一些,徭役的摊派不要耽误农时。《论语·述而》记载,孔子还对当时的为政者进行说教,要求为政者不要过于奢侈,要注意节俭。他说:"奢则不孙,俭则固。与其不孙也,宁固。"同时,还主张"节用而爱人"。这里包含了孔子把"仁"的思想运用于经济领域。

孔子的政治思想成为汉以后各代政治的指导,并因此而成为中国社会与文化的特点。孔子在谈到为政时说:"道之以政,齐之以刑,民免而无耻;道之以德,齐之以礼,有耻且格。"(《论语·为政》)(如果以政令来引导,以刑罚去规范,那么百姓可以免于犯罪,却不能使他们以犯罪为羞耻;如果以道德来引导人民,用周礼来约束人民,那么百姓不仅以犯罪为耻,而且行为规范,便于统治。)这代表了孔子的基本政治主张,以德、以礼治国,而不是以法治国。所谓"以德治国",就是要施行仁政。孔子的"仁",含义非常广泛。首先,"克己复礼"为仁,要处处约束自己,符合礼制规范,要"非礼勿视、非礼勿听、非礼勿言、非礼勿动"。要把自己培养成一个循规蹈矩的人。其次,"孝悌"是仁,孝即顺从长辈,悌即爱护兄弟。一个人能行孝悌,就不会犯上作乱。再者,仁者爱人,要施行"忠恕"

之道，推己及人，"己所不欲，勿施于人"。爱人不是爱一部分，而要"泛爱众"。还有，统治者对百姓要施行"恭、宽、信、敏、惠"，对人民要"宽"、要"惠"，使民富而后教，要施行重民的政策，"使民如承大祭"，役使老百姓要像承担重大祭祀那样严肃认真，不可轻率。孔子这些"以德治国、为政以仁"的主张，同"以法治国"的主张，各有其合理性，二者应该结合，在任何社会，纯粹的"德治"或纯粹的"法制"都不可能长期施行下去。

孔子是相信天命的，他认为施行仁政不只是人事，还必须服从天命。孔子所讲的天，既是上帝，又是命运。天是世界的主宰。有一次孔子受到匡人的围困，生命危急，他慨叹道："文王既没，文不在兹乎？天之将丧斯文也，后死者不得与于斯文也；天之未丧斯文也，匡人其如予何？"（《论语·子罕》）（天若果真想让文化毁灭，我死了，后人就无从接受文化；天如果不是要文化毁灭，匡人能把我怎么样？）又有一次，宋国大夫桓魋要杀孔子，孔子说："天生德于予，桓魋其如予何？"（《论语·述而》）（天赋予我以盛德，桓魋能把我怎么样？）孔子的学生子夏说："死生有命，富贵在天。"人不可能违背上天的意志，一切都是上天决定的。上天不仅决定人的命运，而且也主宰自然。孔子说："天何言哉？四时行焉，百物生焉，天何言哉？"（《论语·阳货》）（天何尝说话？但四季在更替，百物在生长。）天不说话，但天的意志就体现在万物之中。天命是不可抗拒的，人应该敬畏。孔子说："君子有三畏：畏天命，畏大人，畏圣人之言。"（《论语·季氏》）（君子应该敬畏天命，敬畏周天子和诸侯，敬畏周文王和周公等传下来的典籍训诰。）孔子所信仰的天，应该说是比较高级的神，而且只有这一个神。这种信仰是富有精神内容的，不同于下层人杂乱的多神崇拜。他的学生子路问他关于鬼神的问题，他说："未能事人，焉能事鬼？"他还说："敬鬼神而远之，可谓知矣。"孔子对天有敬畏之心，对鬼神则比较中庸，《论语》记载："子不语怪、力、乱、神。"对于古代人来说，要求他们不信某种宗教是不可能的，而且，不信教也未必就是好事，关键在于应该信仰比较高级的东西,孔子信天命,不太注意低下的迷信,是一种比较有修养的表现。

孔子作为我国古代一位伟大的教育家,在长期的教育实践中,积累了十分丰富的教学经验,创造了卓有成效的教学方法,倡导了许多宝贵的教育主张,形成了比较完整的教育思想体系。他的这些教育经验和原则,是中国传统教育思想的宝贵遗产,至今仍对我们的教育实践有着行之有效的指导意义。

一、有教无类,诲人不倦

在孔子的教育思想中,具有划时代意义的、最光辉的思想,应该是"有教无类"。在孔子之前,贵族阶层垄断了文化教育权,平民阶级没有受教育的可能,教育仅仅是局限在最高统治阶层范围之内的事,办教育的目的,也只是为统治者培养接班人。学校的贵族化,阻碍了文明的普及与发展,也扼杀了平民百姓的求知欲望。

孔子从三十岁左右开始,便打破历史的陈规,创办私学,明确提出"有教无类"(《论语·卫灵公》)的思想。他认为,不管什么人都可以接受教育,教育不能被贵族所垄断,应该对他们一视同仁地进行教育。这一教育思想的提出,开创了文化下移和普及教育的新道路,是中国教育史上划时代的革命创举,也是人类教育史上一项很有革命意义的突破。孔子所创设的私学,也成了中国教育史上与"学在官府"相对立的"学移民间"的划时代的标志。

"有教无类"是孔子教育思想的重要内容,也是他一生教育实践的总结。他不分阶级、不分贵贱、不分地域、不分贤愚,只要虚心向学,自行束脩(十条腊肉)以上,他一律谆谆进行教育(《论语·述而》)。孔子所招收的学生,除南宫敬叔和司马牛外,其余多出身贫贱。

孔子从办学开始,直到 73 岁病逝,即使是在鲁国从政(任大司寇等职)和周游列国的十几年中,也没有中断过他所酷爱的教育事业。他坚持不懈地克服各种困难和阻力,发展私学,用一生的心血和生命,谱写了成效卓著的教育凯歌,在中华民族乃至全人类的历史上做出了巨大贡献。据《史记·孔子世家》记载:"孔子以《诗》《书》《礼》《乐》教,弟子盖三千焉,身通六艺者七十有二人。"一个人几乎用了成年之后的所有时间从事教育工作,培养出这么多有用的人才,真可以称得上"诲人不倦"了。

二、因材施教,循循善诱

在教育教学方面,孔子有许多发明创造。其中有些创见即使是在两千多年后的今天,也仍不失其真理的意义。"因材施教,循序渐进"就是其中最有价值的真理之一。

由于孔子在教育方针上主张"有教无类",在招收学生时也做到来者不拒,这样,学生之间,在年龄、性格、爱好、智力、能力、品德、知识基础、学习态度以及意志力等方面就存在着较大的差异。为了使不同的学生都能学有所得,学有所长,他根据每个人的特点,在教学中"因材施教"。

"仁"是孔子伦理思想的核心,是他心目中的最高道德标准。五个学生请教这同一问题,孔子的回答针对每个人的特点而各不相同。颜渊是孔子的学生中对他的思想理解得最好的一个,所以孔子对他的回答比较深刻、抽象,涉及到礼与仁的关系。仲弓即冉雍,有为政的才能,孔子认为他"可使南面"(《论语·雍也》,可以做一个地方的长官),所以当仲弓请教仁德时,孔子的回答就侧重于仁德在为政中的应用。司马牛"多言而躁"(《史记·仲尼弟子列传》),孔子告诫他仁德的人话不多,说起话来好像是迟钝的样子,以此来纠正他性格上的偏差。樊迟的理解能力比较差,所以孔子对他的回答比较具体,告诉他仁就是要爱别人。子张有时过于偏激,办事情好走极端,这种人在与人相处的过程中则显得不厚道。所以当他请教仁德时,孔子讲得比较具体细致,告诉他如何与人相处。

同一问题,由不同的学生提出,孔子针对冉有和子路不同的性格特点,用扬长避短的方法来完善他们的德业修养,为后人提供了一堂生动

的因材施教的示范课。宋人朱熹对此注释说："夫子教人，各因其才。"（《论语集注》）

孔子进行教学活动的特点，是能够从学生的实际情况出发，针对他们智力高下的不同因材施教。根据这一原则，他深入了解学生们不同的志趣、智慧和能力，掌握每个人的特点，施以不同的教育。他把较为出色的学生分为四个专业：

德行：颜渊、闵子骞、冉伯牛、仲弓；言语：宰我、子贡；政事：冉有、季路；文学：子游、子夏。（《论语·先进》）

孔子因材施教，所以弟子各有所长。他划分专业，分科教育，在我国教育发展史上，有首创之功。

从我国教育史看，许多对后世产生巨大影响的重要教育思想和言论，都可以直接追溯到孔子，孔子在教育史上的贡献的确是十分巨大的。批判地继承这份珍贵的教育遗产，对于指导当前的教育改革，加速培养现代化建设人才必然会有重要的帮助。这些思想包括：

一、首设私学，扩大教育对象的范围，促进文化下移

春秋中叶以后，由于战争的频繁，阶级关系的变化，以及社会生产对文化知识的需求，致使原来的为奴隶主贵族所垄断的知识局面被突破，开始了"文化下移"的新纪元。孔子为了适应时代的潮流，创办私学，广收门徒，将以往深藏在秘府的典籍，解放出来，加以传播，使统治阶级的中下层人士有了"成贤"和"从政"的机会，起到了先驱者的启蒙作用。我们知道，在奴隶社会，不仅劳动人民与书册典籍绝缘，即使是贵族统治者，除了史官等专业人员外，也很难接触到这些典册。据《左传》记载：季札是吴国的贵公子，也必须等待他来到鲁国，才能够听到各国的诗篇和音乐。孔子创设私学，传播古代珍藏在秘府的文化知识于中下层社会，这无异于希腊神话中的普罗米修斯从天上将火种带到人间，其功绩绝非寻常。

二、整理典籍，保存古代文化遗产

《史记·孔子世家》说："孔子之时，周室衰微，而《礼》《乐》废弛，《诗》《书》残缺。"于是孔子收集鲁、周、宋、杞等古老国家的文献，整理成《诗》《书》《易》《礼》《乐》《春秋》六种书籍，以教弟子。《述而》也说："子以四教：文、行、忠、信。"文是历代文献知识，包括《诗》《书》《易》《春秋》这些古代积累的大量文化典籍。这些典籍是研究古代社会文化伦理道德的重要资料，它保存了古代的文化遗产，从这个意义上讲，孔子的功劳是不可磨灭的。

三、重视教育，充分发挥教育的作用

孔子一方面强调了发展教育必须以经济条件为基础，这是管仲"仓廪实则知礼节，衣食足则知荣辱"的思想的继承与发展；另一方面强调了教民的意义，这是春秋时代人民在政治上要求提高社会地位的反映。孔子顺应时代潮流，提出了"教民"的主张。再就教育对个人的发展成长来说，孔子认为人们的生性本来是相近的，只是由于环境和教育的不同，却使人彼此间的差别疏远了。这里肯定了教育和环境对人的作用是远远超过遗传的。孔子对教育的作用作了正确的阐发。概括地说：只有通过教育，培养各种人才，才能维持国家的生存和发展；只有通过教育，才能使个人的才能品德得到更充分、更完善的成长。

孔子的做人行事准则，用一句话说，就是"中庸之道"。中庸之道是金玉良言，无论中西，古代先哲们都主张这种做人的智慧。孔子说："中庸之为德也，其至矣乎！民鲜久矣。"(《论语·雍也》)(中庸是最高级的道德，可是人们很久以来就缺乏这种道德了。)中庸就是做事中道、恰当、不过分，行为控制适度、有节制。既不能"过"，又不能"不及"，而是恰到好处。孔子在评论《诗经》时说："《关雎》，乐而不淫，哀而不伤。"(《论语·八佾》)("关雎"这诗快乐而不放荡，凄婉而不悲伤。)他主张君子应该"泰而不骄，威而不猛"《论语·尧曰》(安泰而不傲慢，威严而不凶猛。)

根据孔子的论述，我们可以发挥一下，体会中庸的真意。例如，做人应该豪爽，不及就成为吝啬，过了则是挥霍；又如，人应该勇敢，不及可视为懦弱，过了则变成残暴。要把握好自己的行为，保持举止言行恰如其分的美德。孟子评论说"仲尼不为已甚者"，认为孔子不做过分的事，称赞孔子具备行为恰到好处的贤德品质。中庸并不是说做事情畏首畏尾、裹足不前，而是敢作敢为，又把握好分寸。例如，抗日战争时，国民党发动了皖南事变，如果不反击，不揭露，则可视为软弱可欺；如果反应过分，则会破坏抗日统一战线；党中央采取有理、有利、有节的方针，适当处理，这就是政治上的中庸。又如，建国初期，抗美援朝战争，志愿军既英勇作战，又主张和平谈判，取得最后胜利。中庸是一种辩证法的态度，是中华民族的美德。

孔子在中国思想文化史上具有不可磨灭的功绩，他的学说成为中华文化的组成部分，甚至可以说是灵魂。在世界范围内，人们把东亚文化称为儒家文化，可见孔子的地位。孔子的学生也是一个学术团体，继承并发展了他的学说，即后来的儒家，并在战国时代产生了孟子、荀子等一批著名思想家。孔子和他的学生们对五经的整理，对民族文化这些经典的传播，起了决定性作用。孔子以前，"学在官府"，一切图书文物都收藏于宫廷，只有贵族才有文化。春秋时，一批贵族知识分子从宫廷流落到民间，以出卖知识谋生。在这一文化运动中，孔子是最伟大的教师，他"有教无类"，吸收各阶层青年入学，这对于中国文化的发展所做的贡献是任何人都无法比拟的。孔子一生"述而不作"，但他的学生们记录下他的言行，成为《论语》一书。此书对中国文化的影响甚至超过五经，书中的许多话，已成为千古传诵的箴言。汉以后，儒家思想成为中国占统治地位的思想，孔子被尊为圣人，中国历史上无论怎样改朝换代，他都是人们景仰礼拜的"万世师表"。

平民思想家——墨子

墨子(约公元前468—公元前376年),姓墨,名翟,鲁国人,自称鄙人,被人称为"布衣之士",工匠出身,后来做过宋国大夫,是下层平民出身的思想家。相传墨翟早年曾受儒家学派教育,后来不满儒家繁琐的礼乐制度,自己创立了墨家学派。儒家是个自由的纯学术机构,墨家却是个组织严密、纪律严格的团体,集学术性、政治性、宗教性于一身。团体成员称为"墨者",主要来自从事生产劳作的社会下层,多是些小生产者。团体的首领称为"巨子",墨子是第一任巨子。巨子指派墨者们到各国宣传和实践墨翟的政治主张和思想学说,甚至是军事使命。儒墨两家思想观点不同,在当时并称"显学",

墨子像

对形成百家争鸣的学术风气起了重要的推动作用。今存《墨子》一书共53篇,24篇直接记载了墨翟的言行,其他是后期墨家的著作,并有几篇伪作,即后人伪托墨家之名所作。

墨子的思想可以概括为二十个字:"兼爱""非攻""天老""明鬼""尚贤""尚同""节用""节葬""非乐""非命"。

所谓兼爱,包含平等与博爱的意思,与儒家的博爱("亲亲有术,尊贤有等")相反。墨子要求君臣、父子、兄弟都要在平等的基础上相互友爱,"爱人若爱其身",并认为社会上出现"强执弱、众劫寡、富侮贫、贵傲贱、诈欺愚"的现象,是因天下人不相爱所致。同时,墨子也看到春秋战国时期,最大的弊病就是战争,因此,从兼爱的思想中,引申出了非攻。兼爱非攻是墨子最著名的思想。尚同是要求百姓与天子皆上同于天志,上下一心,实行义政。尚贤则包括选举贤者为官吏,选举贤者为天子国君。墨子认为,国君必须选举国中贤者,而百姓理应在公共行政上对国君有所服从。墨子要求上面了解下情,因为只有这样才能赏善罚暴。墨子要求君上能尚贤使能,即任用贤者而废抑不肖者。墨子把尚贤看得很重,以为是政事之本。他特别反对君主用骨肉之亲,对于贤者则不拘出身,提出"官无常贵,民无终贱"的主张。

墨子主张人与人之间"兼相爱",而不要"交相恶"。他也同孔子一样提倡"仁""义",只是含义不同,他说:"仁人之事者,必务求兴天下之利,除天下之害。"(《墨子·兼爱下》)这是墨子思想和实践的宗旨,即为天下兴利、除害。为达到此目的,根本的方法是"兼以易别",就是用"兼"来代替"别"。"兼"是人与人之间的共同性,"别"是人与人之间的差别性,墨子呼吁人们彼此相爱。他认为,当今天下的大害,其根源在于"交别",彼此利益冲突,必然会产生"交相恶"的现象,大国攻小国,大家攻小家,强执弱,众劫寡,以至于"为君不惠、为臣不忠、父不慈、子不孝"。人们之间突出差别,突出利益冲突,就会导致这种对人人都不利的有害结果。要去除天下这种大害,就要用"兼相爱、交相利"来代替。要用"兼"的眼光来看问题,视他人之国如己国,视他人之家如己家,视他人之身如己身,大家利益一致,就会彼此相爱,达到"交相利"的结果。墨子描绘了兼爱的美好图画:"诸侯相爱,则不野战;家主相爱,则不相篡;人与人相爱,则不相贼;君臣相爱,则惠忠;父子相爱,则慈孝;兄弟相爱,则和调。天下之人皆相爱,强不执弱,众不劫寡,富不侮贫,贵不傲贱,诈不欺愚。"(《墨子·兼爱中》)墨子的兼爱主张同儒家的仁爱观点有区别。首先,墨子把仁义与利益统一,以利作为仁义的内容,区别于以礼为仁的内容。其次,墨子的爱是兼爱。孔子的爱是区分君子和小人的。墨子强调"兼以易别",要爱人如己。墨子的主张,表达了人类美好的愿望,但这毕竟是下层平民的想法。人类社会的利益是不同的,处于社会上层利益优越的人们,对于"兼相爱"的说法,只是听听而已。从墨子以后,中国平民百姓,多少次提出"等贵贱、均贫富"的主张,都未能实现。所以,对于人人相爱的主张,要进行一番思考。

墨子反对诸侯国之间的战争,提出"非攻"。他认为,攻入他国境内,践踏田地,摧毁城郭,杀戮人民,捣毁祖庙,同时,本国也要耗费钱粮,死伤士卒,对双方都没有好处。他不是无条件地反对一切战争,他认为有些战争不可少,如禹征有苗,汤伐桀,武王伐纣,这些不能叫作"攻",而应叫作"诛",是顺天应人的义战。可是,诸侯国之间攻伐无罪之国,则是不义的"攻"。《墨子》中记载了墨子制止一次战争的故事。有一位著名的机械发明家公输般,当时受到楚国雇用,造成一种新式攻城器械,楚国准备用来进攻宋国。墨子听说后,奔走了十天十夜,不顾脚底起泡出血,赶到楚国。他先劝说楚王放弃攻宋,楚王不答应。于是,他和公输般在楚王面前演习进攻和防御。墨子解下腰带,在地上围着当作城墙,他和公输般各用几块小木块当作武器,做战争演习。公输般用九种方法进攻,都被墨子打败了,而且墨子还有一些办法没有使出来。于是公输般说:"我知道怎样打败你,但是我现在不说。"墨子笑着说:"我知道你的办法,不过我也不说。"楚王问墨子这是什么意思,墨子说:"公输般是想杀我,以为杀了我,就没有人帮宋国守城了。其实,我来楚国之前,早已派禽滑厘等300人到宋国,他们每个人都学会了我的守城方法。即使杀了我,楚国也占不到什么便宜。"楚王听了墨子一番话,知道进攻宋国难以取胜,于是就放弃了进攻计划。墨子成功地阻止了一场战争。无论这个故事是否真实,有一点是明确的,墨子反对诸侯国之间的兼并战争。这同他的兼爱思想一样,墨子只看到战争破坏性的一面,看不到战争在阶级社会中的必然性,看不到战争有促进社会进步的一面。而实际上,通过战争实现国家统一,是战国时代中国历史发展的必由之路。

墨子对"天"的理解也区别于孔子,有"非命"的观点。墨子也承认有天,而且上天是最高主宰。天有意志,即"天志",一切人都必须服从天志。他说:"天之意,不可不顺也。""顺天意而得赏,反天意而得罚。"(《墨子·天志》)但是,墨子否认"命",认为决定人们不同遭遇的恰恰不是命,而是力。他历数商周以来的社会治乱事实,认为"强必治,不强必乱;强必宁,不强必危;强必贵,不强必贱;强必富,不强必贫",治与乱、贵与贱、富与贫,不是天命,而是强或力的结果。墨子的非命观点与天志观点似乎是矛盾的,我们可以看作是他对天的一种独特理解。天是最高的神,天的意志我们可以通过社会治乱去理解,历代圣王禹、汤、文、武,必是顺天意者,历代暴君桀、纣、幽、厉,必是逆天意者。顺从天意,并不是命运,上天也不给人们确定命运,人们不必拘于命运,而应该在顺天意的基础上自强,最终以强力获得成功。

孔子只承认天,墨子在此之外还承认鬼,提倡"事上尊天,中事鬼神"。既然有鬼,就须了解,所以要"明鬼"。墨子认为鬼神有多种,天鬼神,山水鬼神,人死而为鬼者。鬼神是善良的,赏贤罚暴。鬼神无所不能,无论什么地方发生的事,幽涧广泽,山林深谷,鬼神都知道,鬼神能战胜人间一切勇力强武、坚甲利兵。因此,墨子主张祭祀鬼神。

墨子认为,宇宙是一个连续的整体,个体或局部都是由这个统一的整体分出来的,都是这个统一整体的组成部分。换句话说,也就是整体包含着个体,整体又是由个体所构成,整体与个体之间有着必然的有机联系。从这一连续的宇宙观出发,墨子进而建立了关于时空的理论。他把时间定名为"久",把空间定名为"宇",并给出了"久"和"宇"的定义,即"久"为包括古今旦暮的一切时间,"宇"为包括东西中南北的一切空间,时间和空间都是连续不间断的。在给出了时空的定义之后,墨子又进一步论述了时空有限还是无限的问题。他认为,时空既是有穷的,又是无穷的。对于整体来说,时空是无穷的,而对于部分来说,时空则是有穷的。他还指出,连续的时空是由时空元所组成。他把时空元定义为"始"

和"端"，"始"是时间中不可再分割的最小单位，"端"是空间不可再分割的最小单位。这样就形成了时空是连续无穷的，这连续无穷的时空又是由最小的单元所构成，在无穷中包含着有穷，在连续中包含着不连续的时空理论。

在时空理论的基础上，墨子建立了自己的运动论。他把时间、空间和物体运动统一起来，联系在一起。他认为，在连续的统一的宇宙中，物体的运动表现为在时间中的先后差异和在空间中的位置迁移。没有时间先后和位置远近的变化，也就无所谓运动，离开时空的单纯运动是不存在的。

对于物质的本原和属性问题，墨子也有精辟的阐述。在先秦诸子中，老子最早提出了物质的本原是"有生于无""天下万物生于有，有生于无"。墨子则首先起来反对老子的这一思想，提出了万物始于"有"的主张。他指出"无"有两种，一种是过去有过而现在没有了，如某种灭绝的飞禽，这不能因其已不存在而否定其曾为"有"；一种是过去就从来没有过的事物，如天塌陷的事，这是本来就不存在的"无"。本来就不存在的"无"不会生"有"，本来存在后来不存在的更不是"有"生于"无"。由此可见，"有"是客观存在的。接着，墨子进而阐发了关于物质属性的问题。他认为，如果没有石头，就不会知道石头的坚硬和颜色；没有日和火，就不会知道热。也就是说，属性不会离开物质客体而存在，属性是物质客体的客观反映。人之所以能够感知物质的属性，是由于人是有物质客体的客观存在。

墨子的哲学思想反映了从宗法奴隶制下解放出来的小生产者阶层的二重性，他的思想中的合理因素为后来的唯物主义思想家所继承和发展，其神秘主义的糟粕也为秦汉以后的神学目的论者所吸收和利用。墨子作为先秦墨家的创始人，在中国哲学史上产生过重大影响。

墨子是最早站出来反对儒家的人，有利于形成百家争鸣的学术风气,墨家一时与儒家并称"显学"。但是,墨家的主张主要是小生产者的思想表现,在思想文化修养上比不上儒家。所以,墨家对中国文化的影响是无法同儒家相比的。

形上学家——老子

对中国文化发生影响最大的学派,首推儒家,亚军当归道家。道家的创始人是老子,但老子是谁,却不很清楚。近现代学者经过反复研究争论,多认为老子是老聃。据司马迁《史记》记述,老聃,姓李名耳,是我国古代伟大的哲学家和思家,约生于公元前571年,约卒于公元前471年。据史书记载,他曾当过周王朝的史官,孔子34岁时曾向他请教过有关古礼的问题。老子晚年,看到周王朝日趋没落,回到他的故乡楚国苦县厉乡曲仁里过着隐居的生活。《老子》(后来称为《道德经》)一书共5000多字,是一部用韵文写成的哲

老子像

理诗,分上、下两篇,共81章。《老子》一书不可能完全是李耳所作,很可能是道家后学根据其思想言论记述而成,成书约在战国中前期。关于《老子》的注释,最早有韩非的《解老》《喻老》两篇。汉魏以后直至近代,注释《老子》之多,仅逊于《论语》。

《老子》是中国哲学史上最难读的著作,也是人们对其理解差别最大的著作。这是因为《老子》所讲的理论不是比较具体的政治、伦理、治学、做人的问题,而主要是关于世界的形而上的问题。《老子》表明,中国古代人的思维能力,同西方哲学一样,代表着当时的最高水平。

《老子》第一章,共四句话:

道可道,非常道;名可名,非常名。

无,名天地之始;有,名万物之母。

故常无,欲以观其妙;常有,欲以观其缴。

此两者同出而异名,同谓之玄。玄之又玄,众妙之门。

这四句话中,有几个主要概念:道、名、无、有、玄等,每个概念都不仅仅有一种含义。对这段话,初步可做如下翻译:

我们可以认识并表达出来的道,并不是那深远莫测的永恒之道;我们认识某一事物,给它取名字,并不是那个事物本来的名。

天地形成的开端,处于似有似无之间,那个状态叫作无;当天地开辟,万物并作,就可以叫作有;无和有是道的两个名,两种状态,而道是这两者的统一。

我们可以从无来理解道的微妙,可以从有来研究道的发展。

有和无是我们要探索的道的奥秘,所以是同出而异名。它们的共同点就是十分深远。道即是深远,即是玄,玄也即是道。认识玄,认识道,也就找到了那微妙的宇宙本原的门径。

上面的原文和译文,只能使人看到哲学形而上学的风格和理论特点,却不易理解。下面我们根据哲学的基本原理来分析一下老子的思想。

当我们认识某一个事物时,可以从两个方面入手:一是这个事物用什么东西做的或由什么物质组成的;二是这个东西做出来,依据什么原理,遵循什么规律。例如要建一栋楼,要有砖、瓦、石、木等材料,又要有图纸和建筑学的知识。同样,做一件衣服,要有布料,又要有符合美学规律的衣服式样。这两个方面说明,事物有成形的、可见的一面,又有无形的、不可见的一面。一物如此,万物都如此,万物如此,整个世界也如此。世界有两面,一是组成世界的万物,二是万物遵循的原理。万物是可见的,是器,是形而下的;原理是不可见的,是道,是形而上的。

在原始意识中,当思考到万物起源时,原始人设想万物是由一个最古老的神生出来的。在《尚书》中，商周之际的人们设想万物是由金木水火土五种物质的不同组合而生成的。在《易经》中，已经形成了阴阳两种力量的观念，并把阴阳两种力量的关系作为万物生灭原理来设想，因而有"一阴一阳谓之道"的说法。并且，《易经》中已有了形上与形下的道与器相区别的观念。这说明，我国古代的哲学意识是从具体的事物向抽象的原理逐渐进化发展的。《老子》中关于道的思想是这种发展在古代的最高成果。

在我们具体分析《老子》之前，还要弄清道与器的问题。道与器的差别，是本质与现象的差别，本质是内在根据，现象是外在表现。除了这种内与外的差别外，还应考虑先与后的问题。世界的本原，有人理解成原始物质，有人理解成原理规律，无论是什么，本原是在先的吗？万物是造出来的吗？世界有个起点吗？例如天体运行规律，在没有天体之前就有这个规律吗？在古代，无论中西，对这些问题的回答是肯定的。古代人认为本原在先，万物是从本原生出来的，世界出于本原。本原在时间上先于万物。按照现代人的辩证法的思维方式，本原是世界的统一性和本质，事物是世界的多样性和现象。统一性与多样性、本质与现象，是同一个世界的两个方面，两个方面互相依赖，没有一方，则没有另一方，不存在先后的问题。不能说本质先于现象，没有脱离现象而独立存在的纯本质。例如，"人"是无数具体个人的本质，是张三、李四、王五等无数个体的本质，没有这些个体，也就没有了人，不能说在这些个体之先、之前，就已经有人的本质存在。关于这一点，是古代哲学与现代哲学的差别，古代人还没有达到对这一问题的辩证法的理解。

老子在先前思想资料的基础上，提出了"道"这个最高的哲学范畴。老子说，有这样一个原始的东西，它比天地更在先，听不见、看不见，它不靠外力而存在，它可以作为天下万物的根源，永远循环往复地运行着。我不知道应当叫它什么好，就叫作"道"，也可以叫它作"大"。道是最基本、最原始的，人以地为根据，地以天为根据，天以道为根据，道就以它自己本来的样子为根据。

道既是有，又是无，具有这两种性质。道作为世界的本原、初始，在没有形成万物的时候，无名、无形、无象，是玄之又玄的深远的无限性，对于它，我们什么也说不出来，因而是无。无不是虚无，而是比有更实在、更原始的东西。道又是有，道作为万物的本原，当然是实在的，是有。"天下万物生于有，有生于无。"世界是从无形无象到有形有象的过程，具体说即是"道生一，一生二，二生三，三生万物"。

道作为万物的本原，是构成万物的原始物质呢，还是万物运行的原理和规律呢？这是理解老子的道的关键。一种观点认为，老子讲道是个惚惚恍恍的东西，"其中有物""其中有精"，即极其微小的物质颗粒，因此道是原始物质，道家哲学是唯物主义。另一种意见主张，道是无形无状的精神性存在，是万物之理，这理是精神实体，道家哲学是唯心主义。这两种对立的观点，各自以老子哲学的某些论述为根据，各有道理。我们认为，古代的老子不可能把问题讲得那么清楚。正如天的观念一方面是神另一方面是命一样，道也具有两方面的含义。作为古代哲学，老子是把道看作先于万物、先于世界的本原，是万物的创造者。有时候，他从构造万物的材料、物质方面设想本原，有时候，他从万物运行的原理、法则方面设想本原，两种意见都能从老子的论述中找到根据。哲学中确实存在唯物主义与唯心主义的理论分歧，但这种分歧表现在具体某位哲学家身上，要具体分析，不应武断地下结论。老子哲学正是处于唯物主义和唯心主义之间的理论，是古代人进行形上思维时所具有的难以避免的模糊性。

老子这位古代的智者，讲了许多事物对立统一的辩证法思想。他认为事物是对立的统一，事物都是由对立造成的，而且相互对立的东西又是依存的，对立的东西，离开了一方，另一方则不存在。他说："有无相生,难易相成,长短相形,高下相倾,音声相和,前后相随。"(《老子》第二章)事物不仅是对立统一,而且总是向相反的方向发展变化,"正复为奇,善复为妖""祸兮福所倚,福兮祸所伏"(《老子》第五十八章)。老子把事物向相反方向变化的思想运用于认识世界和指导人生,提出了"贵柔、守雌、以柔弱胜刚强"的方法。凡事不可过于强硬,否则就会转向反面,只有经常处于柔弱地位,才可以避免走向死亡。"曲则全,枉则直,洼则盈,敝则新,少则得,多则惑。"(《老子》第二十二章)委曲反能保全,屈枉反能伸直,卑下反能充盈,敝旧反能新奇,少取反能多得,多取反而迷惑。老子的这种人生态度,是古代社会大变动时代一种明智、退让的隐者生活的写照。

老子关于认识事物、掌握真理的方法和观点,也很有代表性,其基本方法是:静观、玄览。孔子主张学而知之,提倡知行合一。老子却认为:"不出户,知天下;不窥牖,见天道。其出弥远,其知弥少。是以圣人不行而知,不见而名,不为而成。"(《老子》第四十七章)仅从字面解释,老子的主张似乎荒谬,不出大门,可知天下事,不望窗外,就识破天道,与外界接触越多,反而知道得越少,所以,圣人不行而有知识,不看就可做判断,不做就可成功。其实,事情并非这样简单,老子决不会这样愚蠢。老子是个博学的人,又是一个有丰富的生活经验和社会阅历的人,还是一个天资极高的哲人,他决不会劝人们不重视社会实践。老子是个思想深刻的人,他所以创立了关于道的学说,得益于深入的思考。人的认识有两种方法:一种是多听多看,多经验,充分获得感性知识,古代文人称为"行万里路";一种是博览群书,善于思考,穷根究底,古代文人称为"读万卷书"。老子主要是强调后者,强调思考和读书。如果局限于具体经验,反而容易失掉对总体的把握,所以他说"其出弥远,其知弥少",意思是不要陷入具体事实当中。如果我们只相信亲身经验,就只会说太阳绕着地球转,我们只有善于读书和思考,才会认识地球绕太阳旋转的"天道"。正因为这样,圣人,就是那些得道之人,掌握了道的规律的人,可以推断没有去过的地方,可以知晓没有亲眼见到的事情,他们不强为而能把事情办成。老子把这种方法称为"静观、玄览"。所谓"静观",即不要被纷乱的感性事物所干扰,要心情平静,而且不是用眼睛去观,是用思想去观,静观实则是沉思。所谓"玄览",与静观类似,"玄"是深远,即深远的思维。老子强调的是深入的抽象思考,是排除主观偏见和干扰的客观思维。

老子构造的以道为核心的哲学,把中国哲学提高到一个新的境界。孔子、墨子主要讲的是社会、伦理、治学、做人等思想,虽也是古代的智慧,但详究起来,并非纯粹的哲学,而且讲的多是具体问题。老子哲学以"世界的形而上的本原"为内容,运用抽象思维,接触的主要是纯粹的哲学理论,使得中国哲学的理论水平大大提高。老子的道,同"天"这个概念一样,成为中国哲学最重要的概念。老子是与孔子齐名的中国思想史上的巨匠。

古代的逻辑家——名家辩者

在中西哲学史上,都有一段逻辑思想的发展过程。在古希腊的古典时代,由于社会繁荣,城邦政治生活民主化,出现了一批专门教人雄辩术的人,并且由雄辩术走向了诡辩,混淆真理界限,于是有识之士发展逻辑思想,最后形成了"亚里士多德"的逻辑。在我国古代,也有类似的情况发生。

春秋战国时期是社会发生激烈变革的时代,社会秩序和人们的社会地位面目全非,好些事物旧有的"名"已经不适应新的内容(实)了,同时各种新起的事物也未获得社会认可的名,这样,名与实的差别成为一个社会理论问题。许多思想家提出了"正名"的问题。同时,随着理论思维的展开,逻辑问题必然突出。于是,关于名词和概念的探讨成为一种专门的学问,形成了一股"名辩"的思潮,涌现了一批著名的辩者,产生了一个"名家"学派。名家却是中国最早的逻辑学家。名家不同于其他学派,其他学派是思想观点统一,名家的思想不一定统一,辩者们只是研究的问题同一。所以,其他学派是观点相同,名家却只是学科领域相同。名家思想观点不同,其中难免鱼龙混杂,时有诡辩者。名家杰出的代表当推惠施与公孙龙。

惠施(约公元前390—公元前317年),宋人,曾做过魏国的相,是位有所作为的政治家。博学多闻,经常跟道家的庄子辩论。庄子说:"惠施多方,其书五车。"称赞一个人有学问的成语"学富五车"即缘于此。他的著作已全部散失,我们只能从其他人的转述中了解他的一些思想。

惠施最著名的命题是:"大同而与小同异,此之谓小同异;万物毕同毕异,此之谓大同异。"这段话的含义是,事物之间有相同性和差异性,同类事物之同是"大同",异

惠施像

类事物之同是"小同","大同"中有"小异","小同"中有"大异"。事物之间的这种同异,相对说来,只能说是"小同、小异",合称"小同异"。至于推论到万物,一切事物都有相同性,可称"毕同",一切事物也都有差异性,可称"毕异"。万物的这种"毕同""毕异"是"大同异"。具体事物的"小同异"并不重要,万物间的"大同异"才更应重视。

惠施从"万物毕同毕异"的观点,进一步得出"泛爱万物,天地一体也"(无差别地爱一切东西,天地万物同自己结为一个整体)的结论。惠施从逻辑上分析种和属的关系,强调同,得出万物一体的结论,有相对主义倾向。所谓"相对主义",就是否认事物确定的差别,只从相对的角度

看问题。由于事物不断变化，差别是相对的。惠施说："日方中方睨，物方生方死。"太阳刚在正中，转瞬间又得侧视；一物刚生，转瞬间又死了。中与侧、生与死，都是相对的。他又说："今日适越而昔来。"人从魏国到越国来，到达地点的时间，是今天，出发地点的时间，则是昨天。可见，判断是今天还是昨天，要看相对什么来说了。他还讲过："南方无穷而有穷。""我知天下之中央，燕之北，越之南是也。"这是从相对的立场看问题。人们在北方认为南方无穷，一旦到了南方，则原来的南方成为北方，成为有穷了。南北的差别是相对的，燕国在北，如果把燕国之北作为天下中心，燕国岂不在南，同样，越国在南，如果把越国之南作为天下中心，越国岂不在北。

另一位杰出的辩者是公孙龙（约公元前325—公元前250年），赵国人，据说曾做过平原君的门客。他的著作多数散失，只有少数几篇传世。

惠施的逻辑分析主要是"合同异"，强调事物同的方面。公孙龙相反，主要是强调事物异的方面，可概括为"离坚白"之说。公孙龙分析说，一块石头，用眼看可以知其白却不知其坚，用手触摸可以知其坚却不能感其白，因此，石头的白和坚是相分离的。而且，坚和白可以自己存在，不一定是石的性质，也不一定必是某事物的性质。正因为坚和白是独立的不依赖于事物的实在，才

公孙龙像

可以使具体事物具有这样的性质。公孙龙的这段论证，把事物的性质作为一种普遍性，从事物中分离出来，成为一种独立的存在，其结论虽是错误的。但是，这是古代哲学进行逻辑分析的开端，是古人自觉地思考到个别事物中的普遍性。这种抽象思考本身是可贵的，至于得出错误结论，则是难免的。公孙龙的分析说明，他意识到许多事物皆可是白，这白

是与个别事物不同的普遍性。古人已经在从事抽象思维,从无数事物中抽象出"阴、阳",从万物中思考出"道、理",说明抽象思维能力已经很强,但这是抽象思维的实践,把抽象思维本身作一番分析,自觉地考查其中的逻辑,名家有不可忽视的地位。

与"离坚白"的观点类似,公孙龙因其《白马论》问世,而一举成名。当时赵国一带的马匹流行烈性传染病,导致大批战马死亡。秦国战马很多,为了严防这种瘟疫传入秦国,秦就在函谷关口贴出告示:"凡赵国的马不能入关。"这天,公孙龙骑着白马来到函谷关前。关吏说:"你人可入关,但马不能入关。"公孙龙辩道:"白马非马,怎么不可以过关呢?"关吏说:"白马是马。"公孙龙讲:"我公孙龙是龙吗?"关吏愣了愣,但仍坚持说:"按规定不管是白马黑马,只要是赵国的马,都不能入关。"公孙龙常以雄辩名士自居,他娓娓道来:"'马'是指名称而言,'白'是指颜色而言,名称和颜色不是一个概念。'白马'这个概念,分开来就是'白'和'马'或'马'和'白',这也是两个不同的概念。譬如说要马,给黄马、黑马都可以,但是如果要白马,给黑马、给黄马就不可以,这证明,'白马'和'马'不是一回事吧!所以说白马就不是马。"关吏越听越茫然,被公孙龙这一通高谈阔论搅得晕头转向,如坠云里雾中,不知该如何对答,无奈只好让公孙龙和白马都过关去了。公孙龙的逻辑辨析是可贵的,但是他之所以说得这样清楚,是因为含有诡辩成分。与公孙龙观点相似的其他辩者关于"鸡三足"的说法也属于这种情况。

古代西方的辩者最后走向诡辩,并由此促进了逻辑学的发展。中国古代的名家对中国的逻辑思维也有所推动,通过名家们的命题,我们可以看到人类在最初进行抽象思维时的共同特性。可惜,中国哲学未能通过名家建立自己的逻辑理论。

百家争鸣与各派的演变

春秋战国时代,社会发生激烈变革,这种变革不仅是某个国家灭亡,也不仅是最后周王朝被秦王朝代替,主要是根本的社会制度的改变,是从奴隶制转变为封建制。在中国历史上,有两个社会制度变动最大的时期,一个是20世纪,一个是春秋战国时代,这两次大变动,同时也是中国政治、经济、文化大发展的伟大时代。

春秋时开始的铁器农具和耕牛的使用与推广,对生产力和社会发展起了决定性的推动作用。封建性的土地私有制开始出现并迅速发展,冲垮了周王朝奴隶制的土地"国有"制。从公元前594年鲁国实行"初税亩",到战国中期秦国商鞅变法,各诸侯国先后完成土地所有制的变革,确立了土地私有制。凡是新贵族都是地主阶级,凡是没落甚至灭亡的,都是不肯适应变化的奴隶主。春秋战国时期周王、诸侯、大夫等人身上所发生的一切变化的实质,正是地主阶级取代奴隶主阶级的表现。这种社会巨变使每个人的社会地位都受到考验,因而整个社会传统的观念体系发生了"雪崩式"的动荡,这使得人们站在不同的利益立场上发生尖锐的思想斗争。

"百家争鸣"是春秋(公元前770—公元前476年)战国(公元前475—公元前221年)时期思想文化领域的基本状况。"学在官府"被打破,一方面宫廷知识分子流向民间,另一方面新兴地主阶级中涌现大批"文学游说之士"。一时间诸子蜂起、学派林立,这是中国历史上思想最解放、最自由,当然也是学术文化发展最辉煌的时代。

"百家争鸣"反映了当时社会激烈和复杂的政治斗争,主要是新兴地主阶级和没落奴隶主之间的阶级斗争,这个时期的文化思想,奠定了整个封建时代文化的基础,对中国古代文化有着非常深刻的影响。春秋战国时期,是由封建领主制向封建地主制过渡的时期,新旧阶级之间,各阶级、阶层之间的斗争复杂而又激烈。代表各阶级、各阶层、各派政治力量的学者或思想家，都企图按照本阶级（层）或本集团的利益和要求，对宇宙、对社会、对万事万物作出解释或提出主张。他们著书立说，广收门徒，高谈阔论，互相辩难，于是出现了一个思想领域里"百家争鸣"的局面。

所谓"百家"是个虚数，言其多。后经汉代司马谈、刘歆、班固等人总结，共有十家，其中主要的有六家，即儒、墨、道、法、名、阴阳各家，还有兵家、农家、纵横家、小说家。

儒家自从孔子创立之后，一直是文化的主流。孔子之后，儒分为八派。按韩非子的记载，八儒分别是：子张、子思、颜氏、孟子、漆雕氏、仲良氏、荀子、乐正氏，这八派当中，占重要地位和影响最大的，是孟子和荀子。

孟子（约公元前372—公元前289年），名轲，字子舆，邹国人，鲁国贵族孟孙氏后裔，受业于子思的门人，得儒家之学。历游齐、宋、魏等国，一度任齐宣王的客卿，因其主张不能被采用，退而著书立说，成为儒家思想代表。被认为是孔子学说的真正继承者，有"亚圣"之称。著作为《孟子》。

孟子像

孟子3岁丧父，孟母艰辛地将他抚养成人。孟母管束甚严，有名的"孟母三迁"的故事便是后世母教的典范。故事的大概意思是：从前孟子小的时候，父亲早早地死去了，母亲守节没有改嫁。一开始，他们住在墓地旁边。孟子就和邻居的小孩一起学着大人跪拜、号哭的样子，玩起办理丧事的游戏。孟子的妈妈看到了，就皱起眉头："不行！我不能让我的孩子住在这里了！"孟子的妈妈就带着孟子搬到市集，靠近杀猪宰羊的地方去住。到了市集，孟子又和邻居的小孩，学起商人做生意和屠宰猪羊的事。孟子的妈妈知道了,又皱皱眉头:"这个地方也不适合我的孩子居住!"于是,他们又搬家了。这一次,他们搬到了学校附近。每月夏历初一这个时候,官员到文庙,行礼跪拜,互相礼貌相待,孟子见了——都学习记住。孟子的妈妈很满意地点着头说:"这才是我儿子应该住的地方呀!"后来,大家就用"孟母三迁"来表示人应该要接近好的人才能学习到好的习惯!也说明环境能改变一个人的爱好和习惯。

仁政是孟子的基本政治主张,渊源于孔子的"仁",在中国思想史上占有重要地位,对后世影响极为深远。仁政的立足点是"制民之产",也就是给老百姓以私有财产,叫作"恒产"。孟子假设了标准的八口之家所应有的恒产,要有百亩之田和五亩之宅。有了这个标准的私有财产,就可以供养父母,饱足妻子,在这个基础上办好各类学校,进行孝悌教育。统治者做到这一点,便可以王天下。孔子主张"复礼",要维护奴隶制的周礼,对新兴地主阶级的许多做法极其气愤。孟子在孔子200年后,主张的是封建主义的小农经济。孟子所说的民,是小农,有私有土地和房屋,可以受教育。孟子提出的是一种理想化的封建小农经济。

孟子仁政还包括"省刑罚,薄税敛",对人民处罚要宽,减轻人民负担。孟子仁政还反对世袭制,主张"尊贤使能,俊杰在位",甚至还说过如果道德高尚,"匹夫而有天下"也可以。

孟子仁政的中心思想是重民,他根据战国时期的经验,总结各国治乱兴亡的规律,提出了一个富有民主性精华的著名命题:"民为贵,社稷次之,君为轻。"意思是说,在治理天下的问题上,老百姓的问题最重要,国家问题其次,国君问题最简单。孟子认为君主应以爱护人民为重,为政者要保障人民权利。孟子赞同若君主无道,人民有权推翻政权。所以,"诸侯之三宝:土地、人民、政事。"只有安定百姓,让百姓富足,才能统一天下。当然,孟子重民不是为民,重民是为了确保统治,为了治民、使民。统治者及其知识分子是劳心的君子,人民是劳力的野人,"无君子莫治野人,无野人莫养君子"。他有句名言:"劳心者治人,劳力者治于人;治于人者食人,治人者食于人,天下之通义也。"尽管如此,贵民思想不失为历代封建统治者的开明政治的指导。

战国中期,各诸侯国相互争夺,周王室已经失去统一的最高政权的意义,降为一个小诸侯国,建立统一的新王朝,已经成为历史的必然。如何实现统一大业,于是有两种观点。法家主张"以力服人",用暴力实现统一,孟子称之为"霸道"。以孟子为代表的儒家主张"以德服人",用行"仁政"的办法实现统一,孟子称之为"王道"。孟子认为"行王道、旋仁政"可以天下无敌,原因是行王道可以得民心。"天时不如地利,地利不如人和""得道者多助,失道者寡助",得民心是极重要的。孟子用"王道"反对"霸道",并不是建立郡县制的中央集权国家,而是主张王天下,臣诸侯,实行分封制的大一统,政治形式类似于周王朝统治下的诸侯国并存,这种政治主张虽然不可能实行。但是,孟子的"王道"政治思想对后世发生了影响。在许多时候,封建统治者用"霸道"夺权,用"王道"治国。换成通俗说法,叫作"马上得天下,《论语》治天下"。

孟子的伦理思想以"性善论"为理论基础。他认为人性中有生而俱来的道德萌芽、开端,"恻隐之心,仁之端也;羞恶之心,义之端也;辞让之心,礼之端也;是非之心,智之端也"。这四端是先天的,扩而充之,就发展为仁、义、礼、智四德。孟子把"仁、义、礼、智"看成是根于心的,是人本来就有的人性。从人性说,"人皆可以为尧舜"。但是,由于生活条件影响,人心也有可能变坏,恶是后天的,是丧失本性的结果。所以,人应该注重保存自己的本心本色,不要失去自己的善良本性。孟子特别提倡自身修养,认为人有与生俱来的良知良能,一个人只要探索自己的内心世界,达到尽心,就可知性,并进而实现知天的理想。所谓"尽心",即发现自己的内心,恻隐之心、羞恶之心、辞让之心、是非之心,从而也就了解自己的本性。人的本性和天的本性一致,知人性也可知天。孟子重视人的主观精神的作用,不必外求,只需内求,"万物皆备于我",人通过长期的自我修养,"养浩然之气",培养出高尚的品德和道义精神,成为充塞天地之间,不可战胜的精神力量。孟子这种通过自身修养,坚定信念,不畏强暴,养浩然之气的思想,对后世发生了很大影响。

荀子(约公元前313—公元前238年)是儒家学派的著名思想家,也是著名的教育家。荀子,名况,字卿,人称荀卿或孙卿,赵国人,曾游学于齐,三次做祭酒(学术领袖),做过楚国的兰陵令,晚年罢官居家,著书立说。秦相李斯,著名法家学者韩非,都是他的学生。现存《荀子》32篇,6篇是"弟子杂录",26篇为荀子手笔。

荀子主张"明于天人相分"的自然主义天道观。天、天命、天道的问题一直是先秦时期各家关切的问题。殷商西周时期,"天""天命"是被作为人格神看待的。到了孔子,它的人格神色彩被淡化,孔子主要借"亲亲之情"论"仁德",而视天命为一种盲目的主宰力。孔子之后,其弟子和后学力图使"仁德""心性""天命"得以贯通,这一方面是要使"仁德""心性"的追求获得存在论的支撑,另一方面又将"天""天命""天道"义理化、价值

荀子像

化。荀子有取于道家在"天""天道""天命"上的自然观的成分,然而它的理论宗旨却不在于走向自然主义,而在于凸现"天人相分",然后以"天人相分"为基础,建构自己的"人道"学说。

1."天道自然"的思想

荀子将"天""天命""天道"自然化、客观化与规律化,见于他的《天

论》一文。"列星随旋,日月递炤,四时代御,阴阳大化,风雨博施,万物各得其和以生,各得其养以成,不见其事而见其功,夫是之谓神;皆知其所以成,莫知其无形,夫是之谓天。"在荀子看来,天为自然,没有理性、意志、善恶之心。天是自然天,而不是人格神。他把阴阳风雨等潜移默化的机能叫作神,把由此机能所组成的自然界叫作天。宇宙的生成不是神造,而是万物自身运动的结果。

2."天行有常"的思想

荀子以为,天不是神秘莫测、变幻不定,而是有自己不变的规律。这一规律不是神秘的天道,而是自然的必然性,它不依赖于人间的好恶而发生变化。人不可违背这一规律,而只能严格地遵守它。

天行有常,不为尧存,不为桀亡。应之以治则吉,应之以乱则凶。天道不会因为人的情感或者意志而有所改变,对人的善恶分辨完全漠然置之。荀子对传统的宗教迷信持批判的态度,认为自然的变化与社会的治乱吉凶没有必然的联系。认为祭祀哀悼死者的各种宗教仪式,仅仅是表示"志意思慕之情",是尽"人道"而非"鬼事"。

3."天人相分"的思想

荀子认为自然界和人类各有自己的规律和职分。天道不能干预人道,天归天,人归人,故言"天人相分"不言"合"。治乱吉凶,在人而不在天。并且天人各有不同的职能,"天能生物,不能辨物;地能载人,不能治人""天有其时,地有其才,人有其治"。

4."制天命而用之"的思想

在荀子看来,与其迷信天的权威,去思慕它,歌颂它,等待"天"的恩赐,不如利用自然规律以为人服务。荀子强调"敬其在己者"而不要"慕其在天者"。甚至以对天的态度作为君子、小人之分的标准。强调人在自然面前的主观能动性,主张"治天命""载万物""骋能而化之"的思想。荀子明确地宣称,认识天道就是为了能够支配天道而主宰自然世界。

荀子吸收儒家礼治和法家法治的观点，结合两者，提出了"隆礼重法"的政治主张。荀子以"隆礼"著称，认为礼是强国之本，国之命在礼。荀子所说的礼的内容是："贵贱有等，长幼有差，贫贱轻重皆有称者也。"荀子这里的礼的内容不同于孔子所维护的周礼，周礼是以血缘关系为基础的奴隶制、等级制，荀子的礼是以私有财产为基础的封建主义等级制，是在此基础的礼义教化。荀子在"隆礼"的同时，又主张"重法"，认为"法者，治之端也"。荀子重法包括"勉之以庆赏，惩之以刑罚"刑、赏两方面内容。

荀子在人性问题上主张"性恶论"，这是他"隆礼重法"主张的理论依据。荀子认为，所谓"人性"，主要包括"好利避害"的情欲，如"目之好色，耳之好声，口之好味，心之欲求"等，无论君子和小人，这种天生的人性是一样的。如果按照这种人性行事，就要相互争夺而无谦让，互相残杀而无忠信，发生淫乱而无礼义。但是，人性是可以改变的，经过后天的教化，人的素质发生改变，由此可见隆礼重法的重要性。比较而言，荀子的性恶论比孟子的性善论更加重视后天教化的作用。

荀子在历史上的地位不像孔、孟那样稳定，他本来是儒家的一员，但由于他吸收了法家的思想，所以后世对他有了争议。他因主张"隆礼"而被尊为"大儒"，从宋神宗开始，在孔庙中占有一位。又因他主张"人性恶"，同孟子有一些观点分歧，被一些儒家指责为"申韩"（申不害、韩非，法家思想家），在明朝嘉靖年间被赶出孔庙。荀子被赶出孔庙，说明那时的社会已经没落，作为社会主导思想的儒家已经僵化，甚至连本学派内部的一点思想分歧也承受不了。

墨子之后，墨家分为三派，后来又有更多的派别。各派墨家相互指责对方有别于墨子真传，称呼对方为"别墨"。这一点很类似宗教中不同的派别称呼对方为"异端"，只有自己才是正宗。后期墨家没有突出的个人，他们的思想作为集体成果保留在《墨子》的6篇中。

后期墨家最值得提出的是他们做了中国哲学史上少有的专门的逻

辑学研究。逻辑学研究是中国思想史的薄弱环节,所以后期墨家的研究极其宝贵。针对公孙龙的"离坚白"的理论,他们研究了逻辑概念。他们研究了判断,称为"辞",指出判断要成立必须符合事实,即所谓"当"。他们研究了不同的推理方法。他们还接触到思维的逻辑规律问题。逻辑问题在中国文化环境中不可能受到重视,人们很少自觉地研究逻辑,只是自发地应用逻辑,因此,后期墨家留下的逻辑研究资料十分难得。后期墨家的逻辑思想和名家的名实之辩说明一个问题——中国文化中缺少逻辑研究,不是中国人没有能力研究,而是中国文化的特点决定了中国人的聪明才智没有用在这里。

老子之后,道家出现了一位大思想家庄子。同儒家孟子可以同孔子齐名,并称"孔孟"一样,庄子也可以同老子齐名,并称"老庄",道家可称为老庄之学。

庄子(约公元前369—公元前286年),名周,宋国人。战国时期哲学家、文学家、思想家,道家学说及思想的主要创始人。曾做过家乡蒙地方的漆园吏,这个职位未干多久,大约就归隐了。生活拮据,据说向监河侯(管理河道的小官)借过米,有时靠编草鞋生活,他见魏王时,穿的是补了又补的旧衣服。《史记》记载,楚威王听到庄周贤名,派了两个使者,带了贵重礼物,聘他为相。庄子对使者说:"你们带来的礼物可谓贵重,聘我的职位可谓显要,但是,

庄子像

你们不是看见祭祀时做牺牲的牛吗?饲养了几年,披着锦绣,最后做牺牲,到这时,它想当只小猪都不可能了。你们快回去吧,不要弄坏了我的人格,我宁愿像猪那样在污泥中自由自在地游戏,也不愿像牛那样最后

被国君们所处置。我终生不做官,只图个精神快乐,这是我的志向。"庄子的著作名《庄子》,现存33篇,有些篇可代表庄子思想,有些是庄子后学的作品。汉以后,分为内篇(7篇)、外篇(15篇)、杂篇(11篇),一般认为内篇代表庄子思想。

庄子生活于动荡年代,加之本人生活穷困,所以采取了消极的生活态度,他对现实生活看得比较冷淡,从现实中向后退,退到纯精神的领域,以求精神的解脱。庄子追求的是精神自由,追求一种绝对自由的精神境界。他把老子的清静无为的理论向前发展,走向了相对主义。

面对百家的是非之辩,庄子十分厌恶,认为人们喋喋不休地辩来辩去,是一种极大痛苦。对此,庄子提出了"齐是非"的观点。他认为是非没有客观标准,无法判定。假如我与你辩论,我辩不过你,这能证明你是我非吗?反之,你辩不过我,这能证明我是你非吗?其实在你我之间可能都对,可能都错,可能一对一错,问题是我们怎么判定。让与你相同观点的人来判断,让与我观点相同的人来判断,让与我们两人观点都相同的人来判断,让与我们两个观点都不同的人来判断,无论哪种情况,都不可能判定是非。可见是非是没有标准的。世界上的事物,本来就没有什么是非,一切都看对谁来说,一切都是相对的。泥鳅喜欢潮湿,人睡在潮湿的地方却要病死;猴子喜欢睡在树上,人却无法睡在树上;如果让人、泥鳅、猴子说什么地方睡觉最舒服,结果会怎样?人喜欢吃牛羊猪肉,麋鹿吃草,蜈蚣爱吃虫,鸱鸟喜欢吃老鼠,这四者能得出什么是世界上最好的滋味吗?毛嫱、骊姬,人都以为美,可鱼见了赶紧潜入深水,鸟见了马上高飞入云端,麋鹿见了迅速跑掉,这四者谁能认识什么是世界上真正的美呢?可见,是与非是依认识主体的感觉经验而定的,每个主体的感觉经验各不相同,因此各有各的是非。公说公有理,婆说婆有理。此以为是则彼以为非,彼以为是则此以为非,"此亦一是非,彼亦一是非"。庄子讲了一个故事,养猴子的人对猴子说,我早上给你们三升栗子,晚上给四升,猴子听后很生气。养猴子的人又说,那么早上给四升,晚上给三升吧。猴子听了都高兴起来。庄子的意思是说,是非之辩就像猴子争"朝四暮三"而反对"朝三暮四"一样,没有任何意义。庄子主张在是非问题上"无辩",不要争辩,与世欲随波逐流,这样就抓住了"道"的枢要、关键。庄子这种"齐是非"的观点,是为通过这种相对主义,与世无争,摆脱是非,达到精神的宁静。

要真正地做到在人生观上"齐是非",还必须在世界观上采取同样的相对主义态度。因为,如果事物之间优劣分明,那么就有是非问题,所以庄子合乎逻辑地采取了"齐万物"的观点。齐万物即万物齐,否认事物之间的差别性,否认事物的特有规律性,只从事物的统一性看问题。万物流变,动荡不定,无法确定把握,一切都是相对的。任何一物相对于他物,都是此,反之,任何一物相对于他物,又都是彼,所以,无所谓彼此。事物是"方生方死,方死方生;方可方不可,方不可方可"。生与死、可与不可的界限是没有的。事物转瞬即逝,人生苦短,时光如白驹过隙。事物的大小也是一样,每个事物都比小于它的东西大,也都比大于它的东西小,实在是无所谓大小。万物莫不大,万物莫不小。

他的思想包含着朴素辩证法因素,主要思想是"天道无为",认为一切事物都在变化,他认为"道"是"先天地生"的,从"道未始有封",庄子主要认为自然的比人为的要好,提倡无用,认为大无用就是有用。就像"一棵难看的树被认为无用,第一个木匠要找一棵树做房梁,但这棵树太弯了,没法做房梁;第二个木匠找树做磨的握柄,要弯的,但这棵树太难看了,又没办法;第三个木匠要做车轱辘,但这棵树长得不行,从某方面讲是无用的"。但从庄子的角度看,无用就是有用,大无用就是大有作为,所以庄子提倡无用精神(即"道"是无界限差别的),属主观唯心主义体系。"道"也是其哲学的基础和最高范畴,即关于世界起源和本质的观念,又是至高的认识境界。主张"无为",放弃一切妄为。又认为一切事物都是相对的,幻想一种"天地与我并生,万物与我为一"的主观精神境界,安时处顺,逍遥自得,倒向了"相对主义"和"宿命论"。在政治上主张"无为而治",反对一切社会制度。

庄子的哲学主要接受并发展了老子的思想。他认为"道"是超越时空的无限本体,它生于天地万物之间,而又无所不包,无所不在,表现在一切事物之中。然而它又是自然无为的,在本质上是虚无的。

在庄子的哲学中,"天"是与"人"相对立的两个概念,"天"代表着自然,而"人"指的就是"人为"的一切,与自然相背离的一切。"人为"两字合起来,就是一个"伪"字。

庄子主张顺从天道,而摒弃"人为",摒弃人性中那些"伪"的杂质。顺从"天道",从而与天地相通的,就是庄子所提倡的"德"。

庄子认为人活在世上,犹如"游于羿之彀中",到处充满危险。"羿"指君主,"彀"指君主的刑罚和统治手段。对于君主的残暴,庄子是一再强调的,"回闻卫君,其年壮,其行独;轻用其国,而不见其过;轻用民死,死者以国量乎泽若蕉,民其无如矣"。所以庄子不愿去做官,因为他认为伴君如伴虎,只能"顺"。"汝不知夫养虎者乎!不敢以生物与之,为其杀之之怒也;不敢以全物与之,为其决之之怒;时其饥饱,达其怒心。虎之与人异类而媚养己者,顺也;故其杀者,逆也。"还要防止马屁拍到马脚上,"夫爱马者,以筐盛矢,以蜄盛溺。适有蚊虻仆缘,而拊之不时,则缺衔毁首碎胸"。伴君之难,可见一斑。

庄子相对主义的最终目的,是要达到精神的绝对自由,即所谓"逍遥游"。在庄子看来,人之所以有痛苦,不自由,就是因为受到现实世界诸如是非之辩、贵贱升降、贫富变迁、生死祸福等矛盾的困扰,受到种种物质条件的限制,人们都有所依赖、有所期待、有所追求。他把这些造成人痛苦不自由的现象叫作"有所待",或叫作"有待"。大船在江河中航行,似乎自由,但它必须依赖于水,是有待,算不得自由。同样,大鹏奋飞,扶摇而上九万里,可谓自由了,但它必须借助于风,也是有待,也算不上自由。只要有所待,就算不上真自由。什么人才能得到真正的绝对自由呢?要做到"三无",即无己、无名、无功,也就是做到"无所待"。所谓无己,就是"坐忘"。"堕肢体,黜聪明,离形法知,同于大通,此谓坐忘。"把自己的身体、智慧,全都忘掉,其形如同槁木,其心犹如死灰。达到这种无己、丧我的境界,当然名望、功业自不在话下,现实世界的是非、贵贱、贫富、生死、寿夭、美丑等一切差别,随之化为乌有,达到了"万物与我为一"。于是,就可以从"有待"的现实世界中摆脱出来,进入到"无待"境界,精神上获得了绝对自由。现实世界已经没有什么能够烦扰我。

"无己""丧我""坐忘"等,不是把我的精神也丢掉,如果没有了我的精神,那么还追求什么境界呢?丢掉的是形体,取消的是世俗的情欲,正因为去掉了这些,更加突出了我作为精神实体的实在性。庄子认为,这样的我,与"道"冥然一体,乘道德而浮游,逍遥游于道德之乡。这时,我的精神完全自由,毫无束缚,是非不得于身,死生不变于己,自由至极,实现了完美的境界。

面对社会变动,面对一个阶级的衰落、灭亡和另一个阶级的兴旺、成长,人们可以采取两种方式,一是积极的、乐观的态度,一是消极的、悲观的态度。消极的态度就是从现实中退出,退守到精神的领域,向内心追求以实现精神解脱。老子、庄子的道家哲学,就是这样的态度。老子贵柔、守雌、无为仍然是为了求自保,并不是从现实世界中完全退出。庄子进一步向后退,直退到完全摆脱正常的现实生活,只在纯精神的领域里遨游。庄子的态度说明,旧贵族在经济、政治上不可改变地衰落了,他们无可奈何,但是,他们却不愿在精神上衰落,而且他们能够凭借文化上的优势保持高贵,创造出新兴阶级一时难以达到的精神境界。新兴阶级都是先在经济上、次在政治上崛起的,文化上要占上风则需要较长时间。庄子的哲学表达了一种贵族心态,一种高傲不俗的人格,这种态度虽然在现实中无法实现,只是精神贵族的一种孤芳自赏,而且难以持久。但是,庄子所描述的恰恰是一种境界,一种高尚的体验,给人一种教养,一种美感,体味庄子哲学的精神,对人是一种熏陶。

与道家消极的人生态度相对的,是法家。法家在人生态度上与道家相对,在治国策略上与儒家相对。

法家首先是个政治学派别,但是由于法家在论证自己的政治主张时要构造自然与社会理论,而且对中国思想史发生了重要影响,所以也成为中国哲学史上的一派。

中国奴隶制社会,有两套约束机制,通俗地说,对社会的两部分人,采取不同的管理办法。在周王朝,以"礼"来控制君子,管理贵族,以"刑"来规范"庶人"或"小人"。礼和刑就是这两套机制,这就是《礼记》中说的:"礼不下庶人,刑不上大夫。"

诸侯国是半独立的,诸侯国内的许多大夫之"家"也是半独立的,所有的贵族都是世袭的,是从祖先得到权力的。这样,周王朝内的天子、诸侯和大夫都是有血亲的,没有血亲也用姻亲而联系起来。贵族们之间行为处事,依礼而行,遵循君子协定。

天子、诸侯处于社会最高层,不直接与百姓打交道,直接统治百姓的是大夫。大夫在领地内从百姓得到贡赋,大夫给诸侯进贡,诸侯给天子进贡。大夫在自己领地内统治百姓,主要是以个人为依据,并没有确定的成文法律。所以,采取什么刑罚方式,如何刑罚,完全由大夫个人决定。

总之,中国奴隶社会没有形成明文法律,社会也不是依法治理的。

春秋战国时期,奴隶制逐渐向封建制转变,社会发生了深刻变化,贵族在没落,"君子"和"小人"的界限趋向模糊。一些贵族丧失土地和爵位,一些平民,凭着才能和经济实力,胜利地成为政治上的新贵。社会各阶级原有的固定性被打破了,继续用"礼"和"刑"来管理社会已不可能。各国之间不再听命于周天子,互相攻杀,兼并土地,夺取人口,小国逐渐灭亡,大国领土越来越大。诸侯国之间失去了由周礼维护的传统秩序,武力成为各国间的唯一权威。国家需要建立强有力、权力高度集中的政府,政府的治理功能要大大增强。"礼坏乐崩"的新的社会现实要求采取新的治理办法。

自孔子以来,许多思想家提出了自己的主张,而且游说诸侯,希望采纳他们的主张。但是,他们提出的各种方案,多是不现实的。各国诸侯需要的不是对百姓行仁政的理想纲领,而是如何解决他们的政府所面临的新问题的现实的政治方法。诸侯不是文人,不是儒雅之士,而是实践家,是"上马治军、下马治民"的政治家,他们需要切实可行的政治手段,否则就要亡国灭家。

在这种社会动变的新形势下,有些人对现实政治有清醒的深刻的理解,诸侯常常找这些人出主意,他们的建议往往行之有效,他们成为诸侯信赖的顾问,有些人还成为首相。这些人被称为"法术之士",因为他们提出了治理大国的"法术"。他们最重视法术,相信只要忠实地执行法术,就可以把国家治理好。国君不必是道德上的圣人,也不必是智力上的超人。他们把治国问题看成是法术问题,而不是人的问题。还有些法术之士和同意他们的思想家,将法术治国的方式理论化,作出系统的理论表述,这就形成了法家。

由此可见,法家并不是法律家,也不是现代意义的法治思想家,法家是主张以"法术治国"的学者,法术是组织政府、统治人民的办法。法家产生时,中国还没有系统的法律。但是,法家的主张必然发展到重视法律、建立法制的方向上去。中国最早的系统法律就是由法家代表人物编制的。

法家思想最早起源于春秋时的齐国政治家管仲。战国时魏国的李悝、秦国的商鞅、赵国的慎到、韩国的申不害,皆对法家的主张有所发展。

李悝(公元前455—公元前395年),曾任魏文侯相,主张变法,使魏国成为战国初期强国之一。他汇集当时各国的法律编成《法经》,成为我国古代第一部比较完整的法典。

李悝主张废止世袭贵族特权,提出"食有劳而禄有功,使有能而赏必行,罚必当"的名言。李悝将无功而食禄者称为淫民,要"夺淫民之禄,以来四方之士"。这是中国历史上第一次对腐朽落后的世袭制度的挑战。由于废除世袭制度,一批于国家无用且有害的特权阶层的人物被赶出政治舞台,一些出身于一般地主阶层的人,可因战功或因其才能而跻身政界,此举实际开创了地主阶级对奴隶主贵族的斗争,为以后封建制代替奴隶制开辟道路。这样改革的结果,大大削弱了魏国的"世卿世禄"制度,以后的封君在封国食邑内没有治民之权,只衣食租税。官吏制度有所改善,政治情况较好。

李悝像

商鞅(约公元前395—公元前338年),原是卫国人,公孙氏,名鞅。秦孝公六年(公元前356年)任左庶长,在秦国实行变法。商鞅颁布了改革法令,但是怕老百姓不信任他,就想了个办法树立威信。他叫人在都城南门竖了一根三丈高的木头,传令谁把它扛到北门去,赏十两金子。都城南门聚了很多人,都十分疑惑,却没有人动。商鞅把赏金提高到五十两,人们更觉得奇怪。最后总算有一个人大胆地把木头扛到北门,商鞅便立即赏给他五十两金子。这件事一下子轰动整个秦国,人们对商鞅的法令顿起信心。商鞅的做法极其聪明,不仅树立了威望,而且还为变法做了最有效的宣传。商鞅强调"治世不一道,便国不法古"。他确立土地私有

商鞅像

制,建立县制,加强中央集权。在用人方面,他取消世袭制,奖励耕战有功者。他厉行法制,把百姓五家编为伍,十家编为什,一家犯罪,九家告发,否则一起受罚,称为"连坐"。商鞅重视法律,他沿用了李悝的《法经》,称为"律"。商鞅变法奠定了秦国富强的基础,商鞅被秦孝公升为大良造,又被封于商地方。由于商鞅变法触动了贵族利益,而且难免有政敌,秦孝公死后,商鞅被贵族诬害,遭车裂而死。

慎到(约公元前395—公元前315年),赵国人,曾在齐国的稷下讲学,负有盛名。他重视治国中的"势",即权势。贤人不能使坏人屈服,而权势却足以屈服贤人。他把君主的权势看作行法的力量。一个君主可以"抱法处势,无为而治天下"。

申不害(公元前385—公元前337年),郑国人,曾任韩昭侯的相19年。他主张法制,尤其重视"术"。所谓术,就是统治方法,驾驭臣子的手法。他主张君主要操生杀之柄,有指挥群臣之能,不露行迹,奖惩严明,政治手腕有力、灵活。

所有这些法家人物,有一个共同点,他们把治理国家不看作是个人问题,而看作是有客观依据的,只是这客观依据不同,因而他们各有侧重。法家的观点是个大进步,因为他们不把国家的治乱兴衰寄托于个人,不把国家的命运交给某个圣人,而是重视国家法律和制度的建设。韩非把这些法、术、势的思想综合、发展,建立了最系统的法家理论。

韩非(约公元前280—公元前233年),韩国贵族出身,与李斯同为荀子的学生。韩非为人口吃,不善讲话,却擅长文字表达,连李斯都自觉学问不如韩非。韩非见韩国日渐衰弱,几次上书韩王,要变法图强,但是韩王未采纳他的意见。韩非政治上不得施展抱负,只好勤奋著书,写出了《孤愤》《说难》等十余万言。秦王见到韩非的书,十分仰慕,盼望能见韩非。后来韩非到了秦国,秦王很高兴,但对任用他尚未决定。李斯、姚贾二人趁机说韩非坏话,秦王把韩非关在狱中。李斯派人给韩非送毒药,待秦王后悔要放韩非出狱时,韩非已经死了。李斯是秦国的政治家,曾帮秦始皇统一中国,但他作为韩非的同学,行为却不光彩,很类似庞涓对待孙膑的故事。当然,庞涓无大作为,李斯却是大政治家。

前面法家的三派,各有自己侧重的主张。商鞅重法律,慎到重势,即重视权力、权威,申不害重术,即重视政治手腕。韩非认为,这三者都不可缺少,他说:"明主之行制也天,其用人也鬼。天则不非,鬼则不困。势行教严逆而不违……然后一行其法。"(《韩非子·八经》)明主像天,因为他依法行事,公正无私。明主又像鬼,因为他用人有术,用了人,人还不知道是怎么用的,这是术的妙用。他还有权威、权力以加强他命令的力量,这是势的作用。这三者"不可一无,皆帝王之具也"(《韩非子·定法》)。韩非并不是把以前法家的三种主张简单地罗列在一起,而是把法、术、势这三个法制要素,结合为一个有机的政治思想体系。韩非为了说明政治的统一性,用"矛盾"的寓言来论证,"夫不可陷之盾与无不陷之矛,不可同世而立,今尧舜之不可两誉,矛盾之说也"。尧能明察,舜善德化,称赞哪一个?不能学那个卖矛和盾的南方人,刺不穿的盾和刺穿一切的矛,不能同世出现,二者只能有其一。不能把尧和舜都夸奖成最好,否则陷入"矛盾"之中。政治策略要统一,只有主张法制,因为其他各家的主张都自相矛盾。如果采用互相矛盾的学说,必然是非不分,影响中央集权的权威。他说:"夫冰炭不同器而久,寒暑不兼时而至,杂反之学不两立而治。今兼听杂学缪行同异之辞,安得无乱乎。"(《韩非子·显学》)他主张禁止一切相互矛盾的学说,采取法家政治,统一政治策略。从他开始,矛盾成为一个哲学名

韩非像

词,表示两难和荒谬。

　　韩非的历史观在古代哲学中特别杰出,是一种积极、乐观的历史观。古代的历史观往往是退化论,西方也是如此。古希腊人把人类历史依次分为黄金时代、白银时代、青铜时代、黑铁时代,一代不如一代。以色列人也认为上帝创造的人类最初是善的,后来开始学坏,罪恶充斥世界,以至于上帝过若干年不得不用大洪水冲刷世间的污秽,我们现在的世界充满罪恶,只有等待救世主才能使我们摆脱。我们中国的多数哲学家也持这种历史退化的观点。孔子推崇几百年前的周文王和周公,墨子向前推了1000多年,说禹那个时候最好。孟子更胜过墨家,走得更远,回溯到尧舜的时代。最后,道家干脆把最美好的时代向前推到神话时代,称颂伏羲、神农,已经到了无据可考的年代。大家争先恐后地把远古时代当作人类的美好时光,一致地主张"法先王",齐声谴责当今世道不好。法家是古代哲学中唯一不同意历史退化论的一派。他们充分认识到时代变化的要求,用现实主义的态度看待这些要求。他们虽然也承认古人淳朴一些,似乎更有德,今人纷争多一些,社会里的丑恶现象更复杂一些,但他们把这一切都看成是物质条件决定的,并不是古人天生高尚,也不是今人本性败坏。韩非对此有生动的说明,古代人民少而财产有余,所以民不争,……今人有五子不为多,子又有五子,大父未死而有二十五孙,是以人民众而货财寡,事力劳而供养薄,故民争。韩非把人类历史分为"上古""中世""当今"三个发展阶段,"上古竞于道德,中世逐于智谋,当今争于气力"。每个时代都有自己的问题和习俗,因而应采取不同的政治措施。一味地循古守旧,会被人笑话。"圣人不期修古,不法常可,论世之事,因为之备。"圣人不因循旧制度,不墨守成规,分析当代社会实际情况,制定相应的措施。韩非用一个寓言讽刺守旧者的愚蠢:宋人有耕田者,田中有棵树,一只奔跑的兔子不小心撞在树上,撞断了脖子死了。于是,这个人不再种田,守在树下等兔子。再也没有兔子撞死,田地荒芜了，人们都笑他。韩非用尖锐的语言指出："今欲以先王之政，治当世之民，皆守株之类也。"以韩非为最高代表的法家，把社会看成是变化的，是进步的，并且主张随着社会进步而制订新的政治，实在是中国古代最出色的政治智慧。

在人性问题上，韩非认为"好利恶害"是人的本性。这一点韩非与荀子相同。但是，荀子认为"好利恶害"是恶的，所以"人性恶"。韩非认为，"好利恶害"是人的自然本性，这无所谓善恶。例如，做车子的人希望人富贵，好买他的车，做棺材的人希望人早死，棺材可以卖出去。这不是因为做车子的人善，做棺材的人恶，本是利益所在，是很正常很自然的事。所以，好利恶害的人性无所谓善恶，善恶完全是后天的。判断善恶要依据法律，只要不触犯法律，不构成罪行，无论动机如何，都无所谓善恶。韩非完全从效果判断善恶，例如太子为早登王位，欲君早死，这在儒家看来，是罪大恶极，心怀不仁，但韩非认为，只要没有篡弑的行为和结果，只是好利的人性的心理表现，无所谓善恶，也不算犯法。这种道德观是功利主义的。韩非的人性论和道德观在古代条件下是极其大胆的，具有思想解放作用。一旦新的统治者确立政权，就会回过头来批判这种观点，用儒家的仁义理论去代替它。

儒家和法家是对中国政治影响最大的两派，儒家主张治理百姓以礼、以德，法家主张治理百姓以法、以刑。儒家的观念是理想主义的，法家的观念是现实主义的。正是由于这一差别，所以两千年来，儒家总是指责法家粗野、狡诈，法家总是指责儒家迂腐、虚伪。

战国时提倡阴阳五行说的所谓阴阳家，并不是一个有创造性思想的学派。当时社会上有一些以占卜为生的"方士"，他们把《易经》中的阴阳观念，《尚书》中的五行观念，还有一些天文历法的知识，混合在一起，为人看风水，卜吉凶。这些方士中的有些人构造了一些理论，被后人称为一家。他们中的代表人物是齐国的邹衍（约公元前305—公元前240

年),是他把阴阳和五行观念搞成"五德终始说"。

汉代的人们把春秋战国甚至汉初的一些大军事家称为兵家,主要代表人物有孙武、吴起、孙膑、尉缭、韩信等,主要著作有《孙子兵法》《吴子》《孙膑兵法》等。在这些兵书中,包含许多极有价值的辩证法和谋略思想。

纵横家是指战国时代从事外交、政治活动的战略家,主要人物有苏秦、张仪等。战国后期,秦国成为第一强国,有吞并六国、统一中国之志,所以各国的外交和政治主要围绕如何对待秦国展开。苏秦说服六国诸侯,从南到北联合起来,共同西向以抗秦,这种政策叫作合纵。张仪离间开六国,主要是使楚国和齐国退出合纵联盟,分别同西面的秦国联系,使秦国有机会蚕食六国,分别击之,这种政策叫作连横。纵横家主要是有眼光的实践家,并非仅是舌辩之士,但纵横家实在没有理由成为一个学术派别。

农家是指战国时一些掌管农业的官吏,他们记载了农业生产的技术,提倡重视农业,主张农业为立国之本,并且反映了农民的要求和理想。

小说家是一些稗官的著作,稗官是古代的一种小官,君主设立以了解社会,稗官专门负责给君主传递街谈巷议、风俗故事。这种稗官现象逐渐演化成一种文化现象,成为民间的一种文学形式,至汉代,已有专门的小说作品出现。

春秋战国时期,在几百年的时间里,中国没有一个有效的中央政府,到后期,连名义上的中央政府也被取消了。同时,这也是生产力迅速发展的时期。社会在发展,但却没有一个严格的约束机制,没有中央权力。于是,争夺是免不了的,诸侯混战,烽烟四起。各国纷纷研究富国强兵的办法。在这种历史环境中,人的聪明才智得到了淋漓尽致的发挥,知识分子们的作用被各阶层的贵族所重视。这是中国历史上的黄金时代,更是中国文化史上最辉煌的时代。这段时间里创造的文化,基本上可以代表农业文明的水平。也就是说,在农业经济的基础上,人类的文化所能达到的水平,是有限度的,而春秋战国时代所创造的文化,已经接近于这个限度。后来的中国封建社会的文化,农业社会的文化,大致是先秦文化的一种演化和变形,从实质上说并没有超出它的水平。这种情况不是中国仅有的,西方文化也有类似的发展过程。古希腊哲学在公元前5世纪前后达到它发展的高峰后,在亚里士多德去世后逐渐衰落。中世纪兴起了基督教神学,如果我们站得高一点看问题,中世纪神学和古希腊哲学虽然形式不同,但它们属于同一层次,中世纪神学是希腊哲学的演变形式,思想内容大致相同,在认识水平上并没有超出古希腊所达到的程度。我们回到东方,中国文化的发展也有这种情况。中国哲学后来在唐代、宋代也曾有过令人瞩目的发展,但唐代、宋代的哲学实质上是先秦哲学的演化。我们不能把先秦哲学仅看成是中国哲学的一个时期而与其他时期平列。先秦哲学奠定了中国哲学的基本概念、学派和思想的结构,后来的中国哲学是先秦各学派的发展、演化、融合。中国思想史上没有影响力能超过孔子和老子的人,他们的思想直接源于"五经",经过系统创造,他们的影响力又超过了"五经"。《论语》和《老子》两书也具有了中国文化元典的地位。毫不夸张地说,理解中国文化主要是理解先秦哲学,尤其是理解孔子和老子的哲学,他们的思想已经渗透到中国人的血液里。外来文化到了中国,如果想立住脚的话,也必须与儒、道结合,佛教即是如此。从先秦开始的中国哲学,是典型的农业文化,只有工业的兴起,才会被冲破。西方从16世纪开始,逐渐用以工业文明为背景的近代哲学代替以农业文明为背景的古希腊、中世纪哲学。在中国,冲破传统文化的最初力量来自外部,从19世纪末才开始。从唯物史观看来,哲学、文化的发展,实质上是生产、经济的发展的思想表现形式,中外文化的发展过程充分证明了这一科学规律。

第三章 儒、道、法各派学说的实践与宗教的兴起

三大学派的社会实践

公元前221年,秦灭六国,战国纷争归于一统,建立了中央集权的封建国家,中国历史进入秦王朝。

公元前206年,秦王朝灭亡,汉王朝建立。汉王朝经过西汉和东汉两个阶段,至220年灭亡,历时共420多年。东汉灭亡后,中国分裂为三,至280年,被晋王朝统一。

晋王朝只存在了几十年,北方被进入中原的少数民族所占据,晋王朝南迁,中国进入大分裂时代。南方经历几个政权,称为南朝,北方经历几个政权,称为北朝,最后被隋文帝杨坚所统一。从晋王朝317年南迁开始,至581年隋朝建立,大分裂前后历时近200年。

从公元前221年秦王朝建立至隋朝于581年统一南北,中国历史经历了几次分裂与统一,共历时约800年。从思想史、哲学史的角度看这段历史,主要表现为两个特征:一是把先秦的主要学派的主张付诸实践,新王朝采纳不同的学说来治国,各学派学说的优劣短长,在实践中显现出来。二是中国的统治者们,更确切地说,中国社会,在选择一种适合国情的文化,不仅有中国的各种学说,而且有外国文化的传入,不仅有哲学,而且有宗教。最后,中国文化的发展趋势,不可避免地走向融合。融合是800年的文化选择的最终结果。融合当中有主流,主流是儒家,其次是道家,且掺以法家,当然还有宗教,佛教与道教。融合是800年文化选择的结论,也是开端,真正的融合过程发生于唐代。800年的文化选择证

明，不可能采取简单的做法，独尊一家是不行的，融合是中国文化与社会发展的唯一出路。

最先被统治者采用并付诸实践的学派是法家。春秋战国的各学派，尤其是儒家、墨家，曾游说诸侯，但均未见用，只有法家例外。魏国的李悝变法、秦国的商鞅变法，都使国家强盛起来，使统治者看到了法家学说的实际效果。秦王嬴政是尊重法家的，他在读书时，发现韩非的见解极其高明，非常佩服。后来，虽然韩非死于秦国，但那是由李斯的个人关系造成的，秦王对法家学说的态度是明确的，认为法家学说是行之有效的治国之道。秦王在征服六国统一天下的过程中，以法家为基本指导思想，在国内采用"耕战"政策，富国强兵，在外交上采用"远交近攻"策略，远交以离间分化诸侯，近攻以取得实地，逐个击破。经过充分准备，秦国以摧枯拉朽之势，仅用10年时间，扫灭六国，统一天下。实践证明，法家学说可以帮助统治者打天下。

秦始皇统一中国以后，中央政府发挥了历史上少见的有效职能，在短短的几年时间里，竟然做出了许许多多惊天动地而且影响深远的大事业。秦始皇的功业，在中国古代帝王将相中，当首推第一。由于各诸侯国在几百年的时间里政治上独立，犹如西方古罗马帝国崩裂后欧洲分为许多王国一样，每一个国家都发展为一个文化和经济的社会单元，各国的政治、经济、文化出现了很大差异。齐国写出的字跟楚国写出的字不一样，韩国的升斗等量具跟燕国的不一样，赵国的里程也跟魏国的里程长短不齐。各国的车辆，两轮之间宽度各异，在路上压出的车辙各自不同，不易于车辆在全国行驶。这些经济、文化上的差异如果日积月累，逐渐加深，长时期

秦始皇像

后,很难再统一,就会造成政治上永久分裂的后果。秦始皇下令全国使用统一标准的新文字,把周王朝和各国所使用的那些繁杂而又互相差异的字体和写法,简化为一种"小篆"。这项工作主要由法家政治家兼学者李斯完成,至今,仍留有一些石刻碑文,据说为李斯所书。小篆被秦王朝定为正字,淘汰了各地的异体字,对汉字的规范化起了很大作用。后来,小篆演化为隶书,隶书演化为草书,草书规范为正楷,这四种字体至今仍为汉字的规范形式。文字的统一对于中华民族的统一产生了极重要的作用。我国幅员广大,方言众多,南北方的语音和方言差距甚至比欧洲两个国家还大,只因为有统一的文字,书面语言一致,所以人们具有认同感,把国家分裂视为一时之势,把统一视为必然之势。我们对秦始皇所做的这项伟大事业应给予充分的评价。秦始皇还下令把长度、容量、重量统一标准,推行全国。废弃旧车轮距,采用全国统一的轮距。这一套工作,是经济文化方面的标准化,其意义十分深远,不仅有利于经济和社会进步,而且奠定了中国人"万世一统"的思想观念的基础。秦始皇的直接目的是巩固秦王朝,但其客观功效却是促进民族统一的伟业。

秦始皇还利用有效的行政力量,完成了几项巨大工程。在黄河与淮河支流之间开凿运河,联络中原,在湘江开凿运河,开发岭南。以咸阳为中心,全国修筑驰道(公路),驰道宽五十步(六尺为步),每隔十公尺,种植一棵松树或柏树,这大概是世界上最早的林荫道。驰道从咸阳辐射到全国各郡,北到辽东,南到长沙,全国交通畅行无阻。秦始皇还下令拆除以前各国修筑的要塞城阻,消除割据凭据,在北部边境修筑长城,把以前各国的长城联接起来,抵御外族入侵。秦始皇下令移民,迁天下十万富户到咸阳,迁部分富户到巴蜀等地,迁内地罪人定居北部边界,开发北疆,并移民开发两广。

秦始皇采纳李斯的意见,废除陈旧的分封制,施行先进的郡县制。分封制是在中央行政权力无法达到较远地区的情况下,又由于血缘贵族的势力,由周王朝施行的制度。把王族的人、有功之臣、旧王朝的贵族和需要安抚的人,分封到各地当诸侯,各诸侯国是相对独立的割据势力。秦始皇否定了周王朝的做法,建立了高度集中统一的政治制度。他把全国划分为四十一个郡,郡下面划分为若干县,县下面划分为若干乡。郡是地方行政单位,直属中央政府。这个崭新的政治体制中,没有封国,没有公、侯、伯、子、男,皇帝的许多儿子也没有土地,要有土地只能像平民那样凭借经济力量。对于秦始皇采取的这些措施,崇古的儒家学者们大为恐慌。

秦始皇做了许多开拓性的好事,但是也做了许多坏事。他大兴土木营造宫室,征发数十万人建造阿房宫;他征发七十万人,掘地极深,占地数十里,建造巨大的陵墓。对征发的工匠,采用极严酷的管理方法,成千上万人被累死、病死、活埋在墓中。

秦始皇不懂得国力民力是有限的,不懂得民心可贵,只相信武力权力。当时全国人口约2 000万,除去老幼妇女,有多少劳力?可是他先后征发造宫室坟墓共150万人,征发筑长城50万人,军队近百万人,几乎占全国劳力的1/3,民力不可胜任。

著名的焚书坑儒事件,也表现了秦王朝政治局限性的一面。先秦百家当中,儒、道、墨、法四家最显耀。道家没有组织,而且主张从现实中后退,不与人竞争。墨家也逐渐没落,因为其"兼爱""非攻"的理想太脱离现实。只有儒、法两家还在对抗。秦始皇采用法家思想,所以儒家受到压制。但是,儒家并没停止宣传自己的主张,并且不断地对现实政治提出批评。儒家虽然不能进入权力中心,但在统治阶层内仍有一席之地。秦始皇设立"博士"官职,地位较高,从事学术研究和参与政治,可以进见皇帝,皇帝也经常召见他们。秦始皇为炫耀皇威,经常出巡,他的足迹几乎遍及著名山川,博士们往往随行。每到一处,秦始皇总要建立石碑以作纪念,石碑上夸耀他征服六国,统一中原的功业,这正是儒家所长。立在泰山顶上的著名的颂德碑,就是儒家学派的博士跟原鲁国的儒家学者(儒生)的杰作。秦始皇对博士们歌功颂德感到满意,博士们也越来越敢于发表意见。公元前213年,博士淳于越上书秦始皇,要求分封众皇子到各地去做诸侯,恢复周朝的分封制,认为只有效法古代贤王,政权才能长久。秦始皇对这种恢复分封制的要求采取了极严厉的打击措施,粗暴地下令焚毁所藏各国史书,除了博士官所藏图书,私人所藏儒家经典和诸子书一概送官府烧毁,30天内不交到官府烧毁的,罚筑长城四年。聚谈诗书的人斩首,是古非今的人灭族,只有医药、卜筮、农作之书不禁。民间禁私学,求学以吏为师。博士中除儒家外,还有一些"方士",声称能炼出黄金和不死仙丹,并可到海外求到仙药。秦始皇欲求长生,相信他们。但方士们炼不出仙丹,求不到仙药,畏罪逃走,这更加激怒了秦始皇。公元前211年,秦始皇下令活埋460多名儒生。焚书坑儒事件显示了秦始皇的残暴,证明了法家学说的局限性。

法家只主张刑法治国,缺乏对统治者行为的约束,施行的是一种极权的专制政治,必然带来君主的残暴,使民众难以承受。实践证明,法家可以帮助统治者打天下,却不能很好地指导统治者治理天下。

秦始皇把事情做过了头,正如老子所说,物极必反。秦始皇的继承者们利用专制权力胡作非为,结果秦王朝短命而亡,秦始皇幻想的万世基业到头来二世而绝。

秦王朝的灭亡也是法家政治的失败,实践证明,可以利用法家思想夺取政权,却不能仅仅依靠法家思想巩固政权。后来的儒家学派,把秦王朝的专制和残暴,一古脑儿地都推到法家身上,未必公允,但法家缺乏仁政,却是其致命伤。

经过一场农民大起义,又经过一场大规模争夺战争,刘邦于公元前206年建立汉王朝,做了皇帝。汉王朝面对的是一个破败的社会,秦王朝耗尽了民力财力,十几年的血战又使社会受到很大破坏。新的王朝不该有大的举措,否则会招致更大的祸乱。刘邦看到了国家的破坏,200年进攻匈奴在山西遭到的失败又教育了他,使他不再有大的动作。在制度上,刘邦不另搞一套,基本做法是"汉承秦制"。北方匈奴看到中原残破、衰弱,不断向内地发动进攻、劫掠,刘邦采纳了忍让意见,向匈奴和亲,即把中国公主嫁给匈奴单于。从此以后,和亲成为中国缓和与北方少数民族关系的一项重要措施。汉初的统治者就是在这种形势下,选择一种学说作为治国的指导思想。

法家注定应被排除,它已经表演过,以秦王朝的失败而告终,并且,它成了秦王朝一切暴政的替罪羊。这时的儒家还没有从坑儒的噩梦中清醒过来,而且儒家的复古主张不被统治者欢迎。从刘邦开始,汉初统治者选择了道家作为指导思想。道家的"无为而治""清静无为"的主张,很适合当时的社会需要。刘邦入关中,一切依从秦朝旧制,只是"约法三章",他的做法受到欢迎,他体会到"无为"的优点。

道家主张"无为",在当时来说,是让人民休养生息的好政策。人民已经经不起统治者的折腾,应该给他们一段喘息的时间。好像一棵树苗,不能每天往上拔,那样不但不能帮助它成长,反而会置它于死地,只要不管,让它自然生长,它就会茁壮起来。第二任宰相曹参十分信服这一点。曹参把道家清静无为的学说用到复杂的政治问题上。他一切都依照第一任宰相萧何所制定的规章行事,不作任何改进,凡向他建议改变的人,他就请那人吃酒,堵住那人的嘴。第二任皇帝汉惠帝刘盈责备曹参,曹参问刘盈:"你的才能,比你父亲如何?"刘盈说:"不如。"曹参再问:"我的才能,比萧何如何?"刘盈说:"似乎也不如。"曹参说:"这就对了,他们两人定下的法令规章,我们不如他们,岂可自求表现,随意变更。"刘盈只好听从。这就是著名的"萧规曹随"。

儒家这时并没有甘心沉寂。据司马迁记载:"世之学老子者,则黜儒学,儒学亦黜老子,道不同,不相为谋,岂谓是邪?"道家和儒家的拥护者们互相贬低，主张不同，不在一起切磋。在汉初的统治者中，主要的君主和大臣都主张道家，只有一些不十分重要的朝臣坚持儒学。政治家们也曾有辩论，但支持道家的总是获胜。儒学受压制的典型事例是窦太后（汉文帝后，汉景帝太后）欲杀儒生辕固生的故事。窦太后对辕固生贬低老子十分生气，命他去与野猪搏斗，幸亏汉景帝偷偷地递给他一把匕首，才使得辕固生未丧命野猪口中。后来，汉武帝初年，甚至发生了镇压儒生的事。儒家受压制，有外部原因，根本原因是儒家自己守旧。时间过去了几百年，历史已经进步，儒家还在歌颂禹汤文武，还喋喋不休地主张法先王，这种"不达时务"必然招致被抛弃。儒家只有到了董仲舒建立新儒学，才会受到人们的重视。

道家这时虽然被推崇，但是其学说却没有多大变化，主要著作仍然是《老子》。但是，这时的道家把自己学派的起源向前推了许久，直到传说中的黄帝。这时的道家称为"黄老学派"，学说称为"黄老之学"。这是新道家，但却没有更多新思想。据史书记载，这时出了一本书叫《黄帝》，但这本书现在已经散失了。

从汉初施行"清净无为"的黄老政治，到汉武帝"独尊儒术"，共60多年。在这几十年的时间里，中国社会得到了很大的恢复。对匈奴和亲，避免了大的战争，再加上田租轻微，徭役较少，农民得到休养生息，社会人口大量增加，经济开始繁荣。各郡县地方官府的仓库装满了铜钱，连串钱的绳索，也被虫蛀断。仓里装满了粮食，一直堆到露天，并且腐烂许多。中央仓库的钱粮更多得用不完。这就是为历史学家们称道的"文景之治"（即汉文帝和汉景帝时代）。这是黄老政治带来的景象。

道家学派在实践中似乎是成功的，有一个光荣的结局，这要归因于道家实践及时结束，一旦延续下去，当这种政治的弊端充分暴露出来时，结局就不会这么光彩了。道家政策采用"无为而治"的方针，让民间自然发展，但会导致富者更富，贫者更贫。人口增长以后，土地相对紧张，贵族和富户在政府不干涉的保护政策下,大量兼并自耕农,失去土地的农民生活无保障,社会必然重新陷于动乱。据史书记载,"文景之治"以后不久,又出现了大批农民逃亡山林的状况,农民起义的危机随时可能发生。同时,统治者不可能长期地甘愿"无为",封建制度本质上是个专制的东西。加强政治上、经济上和文化上的全面控制是封建主义制度的必然,"清净无为"的黄老政治只是封建统治者的权宜之计。

汉王朝要加强统治,仍然要选择儒家学说。但是,不可能用原来那种儒家,需要有一种新儒家才行,正是在这种情况下,出现了董仲舒这位新儒家。董仲舒把孔子神圣化,把孔子学说发展为一种吸收法家、阴阳家、道家等各派学说的系统理论。这套理论对汉王朝的专制统治是非常有利的,汉武帝决定采纳董仲舒的建议:"罢黜百家,独尊儒术"。

董仲舒(约公元前179—公元前104年),河北广川人,西汉著名学者。汉景帝时,他做过官方讲授儒家经典的博士。汉武帝时,在全国选拔人才,称为举"贤良文学"之士,由皇帝亲自考试。他以三篇对策,提出了一整套巩固政权的哲学理论,同时提出"罢黜百家,独尊儒术"的统一思想的建议,得到了统治者的采纳。从此以后,他被汉儒奉为"儒者宗"。他使得系统化了的孔孟儒学取得统治地位,并且把这种地位一直保持了将近两千年。他晚年离开职位回到老家居住,但是朝廷有重大事件,还要派专人去他家里征求意见,可见他的地位多么显要,统治者多么重视他、信任他。董仲舒的主要著作有《春秋繁露》和《天人三策》。

董仲舒像

汉武帝采纳董仲舒的建议,这一点对中国历史产生了深远的影响,不仅是采纳了儒学观点,而且在制度上保证了儒家在中国文化上的优越地位。从汉武帝开始,在京师设立"太学",由博士担任教官,学习五经。学生来自全国各地,由地方官保荐而来。太学毕业由朝廷选用。这样,把仕途和儒学联系起来,要当官非学儒不可。而且,当官的都是儒家,儒家学派的传人布满各级政府,成为排他性极强的一个系统,从此以后,要从上边反儒是不可能的。久而久之,只有"五经"和"孔孟之书"是正道,其他著作都成为妖书、邪书,成为"非礼勿视"的东西。百家只剩下一家,不再有各学派之间的竞争。在封建主义的西方,反基督教是不可能的,在封建主义的中国,反儒家学派也是不可能的。

董仲舒不愧是个大学问家,他以儒家为中心思想,采用或吸收了各家各派的思想,构造了系统的儒家思想体系。他专精学业,写作《春秋繁露》时,曾经"三年不窥园"。

他继承和改造了孔孟的天命思想,又吸收阴阳学说和五行学说,建立了儒家的新的宇宙观。他认为天是宇宙间的最高主宰,"天者,百神之大君也,王者之所最尊也"。天是至高无上的,世间万物都是天创造出来的。天创造万物,也创造人,创造万物是为了养人,创造人时也创造义利等伦理道德,用来规范人心。天是有目的、有意识地创造世界的。天的意志通过阴阳、五行和四季来表现,人要通过这些来理解和顺从天的意志。阳是天的恩德,阴是天的刑罚,阳尊阴卑(当然,男尊女卑)这种天的意志不可颠倒。五行之间相生相克,是天早已安排好的,不可相互错乱,否则会引起天下大乱。一年四季也表现天意,春夏秋冬表现了天的爱、乐、严、哀四种意志。

人是天创造的,与天是合一的,天人同类。天是什么样,人就是什么样,天有什么,人就有什么。董仲舒并牵强附会道:天有365日,人有365个小骨节;天有12月,人有12个大骨节;天有五行,人有五脏;天有四时,人有四肢;天有冬夏,人有刚柔;天有阴阳,人有哀乐;天有天地,人有伦理。天是人的正本、原本,人是天的副本、摹本。这种"天人合一"的理论是神秘主义的。

董仲舒的天人关系是一种目的论。这种理论把万物看成是天创造的，天创造每一个事物都不是随意的，而是有目的的。例如，地上为什么长草呢，为了给羊吃，为什么有羊呢，为了给狼吃。东西方古代都有这种目的论，只是中国的解释有伦理色彩，西方的解释有自然色彩。董仲舒认为天生万物以养人，天生伦理以规范人心。古希腊的苏格拉底认为神造的一切都是十分精妙的，人的眼睛长在身体最高处，便于观看，而且眼球由眼眶保护，眼睛上面有眉毛，可以挡住汗水。人的鼻子鼻孔朝下，下雨时不进水，而且便于清除鼻涕。这种目的论思想是由于古人不了解物种进化和生态平衡，因而把万物的适应自然理解为合乎目的，是上天和神有意识地创造出来的。

以神秘主义的"天人合一"的目的论为基础，董仲舒把人的社会关系也神圣化了，为封建主义伦理找到了神圣根据。君主的权力是天授予的，并且按照天的意志统治人民，这一点商周的统治者已经讲过。上天依次安排了人间的秩序，天子受命于天，诸侯受命于天子，子受命于父，臣受命于君，妻受命于夫。各受命者，都是天意。君臣、父子、夫妻关系，是阳尊阴卑，"君为臣纲，父为子纲，夫为妻纲"，三纲是神圣不可改变的秩序。董仲舒的这个宇宙论，从天命出发，通过"天人合一"的目的论，把人间的伦理神圣化，为中国宗法社会的纲常秩序提供了系统的理论根据。

董仲舒把他论述的这一套纲常伦理看成是万古不变的正道，他说："道之大原出于天，天不变，道亦不变。"在人类社会中，永远是臣依附于君，君统治着臣；子依附于父，父统治着子；妻依附于夫，夫统治着妻，因为宇宙中阳永远统治阴，这是永恒不变的天道。

在人性问题上，董仲舒继承了孔子，又吸收孟子的性善论和荀子的性恶论，提出了"性三品"学说。天有阴阳两方面，人有性情两方面。性即本性,情即情欲。性表现于内为仁(善),情表现于外为贪(恶)。情也是性的一部分,因此可以说性有仁贪两方面。由于阴阳两方面阳为主,阴为从,所以人性也是仁为主,贪为从。人性基本上是善的。但是,人性又不同于孟子所说的性善论。人性中的善,只是一个"善质",即善的素质。可能,并不是已经实现了的善。人性如庄稼,庄稼可以产生米,但庄稼本身还不是米。人性可以产生善,但人性还不是现实的善。要把人性的善实现出来,需要教化,统治者对百姓进行仁政统治,是为使百姓从善。

　　董仲舒把人性分为三类,一类是天生不教就能善的"圣人之性";一类是天生就恶、虽教也不能善的"斗筲之性";一类是天生既有善质又有情欲,待教而后能善的"中民之性"。他认为圣人之性和斗筲之性都不代表一般人性,只有中民之性才是多数人具有的本性。统治者对具有中民之性的大多数人要进行教化,进行德治,对具有斗筲之性的人应给予惩罚,用之以刑。所以,仁政德治和法治刑罚都是不可缺少的。

　　董仲舒提出了一种"三统循环"的历史观。阴阳家邹衍曾经把阴阳和五行观念结合在一起,构造了"五德终始说"。金、木、水、火、土各为一德,每个朝代都具有其中一德,虞是土德,夏是木德,商是金德,周是火德。邹衍的时候,秦王朝还未建立,但他预言继周而起的王朝应是水德。这些王朝相互取代,正因为五行相生相克。历史就是这样,王朝之间相互循环,所以叫作"五德终始"。董仲舒把这个"五德"循环改造为"三统"循环。他认为天意规定有黑、白、赤三统,每个受天命而起的王朝,都属于这三统中的某一统。历史上的朝代更替,是按照黑统、白统、赤统的固定秩序循环而行的。他认为历史上夏朝是黑统,商朝是白统,周朝是赤统,以后的朝代,又应是黑统,如此循环下去。每个新朝代建立后,都必须进行一些制度上的改变,迁都城,变称号,定正月(一年之始),换服色,叫作"新王必改制"。但治理天下的基本制度是不变的,这里的改制不是根本改变,不是"易道"。

  董仲舒在思想领域中是个战略家。他看出旧儒家不可能受到欢迎,因为观念太陈旧,于是他吸收了各家的思想,构造了一个最庞大的儒家理论体系。中国社会在经历了战国、秦末、楚汉相争等大动乱之后,需要一段稳定发展的时期。汉王朝开始了稳定发展时期,经过汉初几十年无为政治的休养生息以后,汉朝统治者要加强中央权力,要巩固统治,董仲舒的儒家理论体系适应了这种社会要求,因而成为"独尊"的社会意识形态。董仲舒使儒家思想从孔子的力图恢复奴隶制改变为地主阶级统治的理论基础,他的思想在漫长的封建社会中得到延续和保持。董仲舒对儒家的改造和发扬说明,儒家是中国文化的主流,是"独尊",同时,儒家必须不断地吸取其他学派的优点和思想因素,进行文化融合。只有这样,才能保持其主流地位。

  法、道、儒三派在秦汉时代轮流上台表演,各自适应不同的时代,都演出了威武雄壮的活剧。儒家最后上台,而且站住了脚,其他两派不得不汇入儒家的洪流中来。

  在文化上,任何学派的绝对"独尊"都是不可能的,独尊是相对的、暂时的。汉武帝采纳了董仲舒"罢黜百家,独尊儒术"的主张,但是,就在汉代"独尊"政策开始施行的时候,中国文化中比较薄弱的方面——宗教,已经不知不觉地自下而上发展起来,并且逐渐地成为中国人信仰结构中的一个重要方面。宗教在封建社会兴起是世界各民族的普遍现象,但中国宗教并不是最发达的,在文化中处于次要地位。就是说,一方面,宗教在封建社会必然要发展起来,另一方面,宗教在中国文化中未能成为主流。对于中国宗教的这两个方面,应该做出分析。

  同奴隶制和资本主义制度相比,封建制度是一种高度异化的社会形态。在奴隶制社会,如果你被武力征服,如果你欠了债或犯了罪,那么你就被迫做了奴隶。你失去了做人的资格,奴隶不是人,是主人的财产,是会说话的工具。奴隶的处境虽然十分悲惨,但怎样成为奴隶的,原因却很清楚。如果你有力量,或者是武力,或者是财力,你也可以强迫别人成为你的奴隶。人们知道,不论奴隶还是主人,都是现实的力量造成的,并没有什么神秘的原因。

在资本主义社会,每个人都是作为自由的商品所有者出现在市场上的,每个人都拥有自己的商品,可以自己决定是否出卖。工人没有其他商品,只有劳动力可以出卖,工人把劳动力出卖给资本家,为资本家所雇佣。这种关系是两个商品所有者之间的关系,买方和卖方都是自愿的,也是自由的。工人和资本家,无论他们之间在经济上有多大差别,但在政治上、法律上,他们是平等的。当然,事实上工人不得不出卖自己的劳动力,因为这是谋生的必需,即使明知资本家的剥削,也是毫无办法的。

奴隶制的社会关系是靠暴力维持的,资本主义制度的社会关系是靠经济力量来维持的。奴隶制用暴力强迫一部分人失去做人的资格。资本主义制度在经济关系中人与人生来平等,而且在政治上、法律上平等。这两种社会的人与人之间的关系有一个共同点:社会关系的形成和维持依靠现实的物质力量,人在社会中的地位不决定于血缘、门第,而决定于是否具有力量。这样的社会关系是比较明显的,不神秘,不需要特别的说明和论证。

封建主义社会处于奴隶制和资本主义之间,其情况最复杂。封建主与农奴之间、地主与农民之间,一方面是经济关系,租土地,交地租,另一方面又有许多超经济的关系,农民要无偿地为地主做许多劳役。地主与农民之间,一方面是人与人的关系,另一方面又是贵人与贱人的关系。贵人与贱人的区别是维持封建制的根据。人为什么分为贵人与贱人呢?为什么人一生下来有的是龙,有的是虫?这从现实世界是找不到答案的,只能寻找超自然的理由,最好的办法,就是借助于宗教。封建社会是宗教最盛行的,无论在西方,还是在东方,都是如此。这不仅是因为统治者用宗教来统治人民,而且农民群众自身在对现实无法理解时也会求助于宗教来获得心灵上的安慰和解脱。

在我们中国的封建社会中,宗教并没有达到欧洲那样的绝对统治地位,因为中国文化不是那种文化。在中国,维系封建社会宗法关系的主要是伦理纲常,主要通过以伦理纲常为核心内容的儒家学派来论证。我们反复说过,中国文化是求善型的伦理文化,儒家思想在封建社会是不可动摇的主流思想。但是,相对比较起来,即使在中国,封建社会也是宗教最盛行的时期。伦理是一种对人与人关系的规定,告诉人们怎样对待贵人,怎样对待贱人,至于为什么要这样规定,伦理本身的说明是比较弱的。尤其是在封建社会,为什么把人分为贵贱,应该怎样对待贵贱之分,伦理难以给予恰当的解释。这就需要宗教来补充,宗教用命运、神意,用其他不可测的神秘原因来告诫人们安于现状,而且在逆来顺受中求得安静。虽然有时候宗教可能有组织煽动作用,甚至成为起义的旗帜,但这是暂时的、局部的个别现象,从总体来看,宗教不是让人们跳起来,而是让人们坐下来,让人们安静,慢慢地睡去。正是由于封建社会的这种基本状况,中国封建社会开始不久,宗教就慢慢地传播开来。

对于宗教在封建社会所发生的作用,应该全面地来考虑,这是个复杂的历史辩证法问题,不要简单地处理。宗教对社会有稳定作用。宗教的各种信条,都要求人们虔诚地信仰神灵,服从天命,恪守前定,不得有非分和越轨行为,否则将受神的惩罚。宗教对人的心理有调节功能,通过宗教生活使人的精神得到安慰和寄托,把不平衡的心态调节到平衡的心理状态上来。当一个人未能获得某种需要或思想受到某种创伤时,就会产生忧愁和苦恼,心态失掉平衡,有绝望情绪,失去控制导致铤而走险。宗教对于人的这种情况可以提供很好的镇静剂,它以神的正义和同情,对人们的不幸遭遇和过分要求给予公正评价,使人们恢复心理平衡,不采取过激的行动。宗教使人们寄希望于来世,使人的不幸受到抚慰,使人的过分贪欲受到抑制,使人们的行为温和。宗教这种社会稳定作用,一方面可以看作维护封建统治,另一方面又可以看作维持社会秩序的稳定以保证生产发展和社会进化。封建制度是人类社会必经的长期存在的社会形态,不可能总是造反,稳定发展是必须的,所以宗教稳定社会的作用也应给予恰当的肯定。

宗教还具有文化功能,对于社会的文化建设、保存和传播有积极作用。宗教是一种综合性的社会文化现象,其信仰涉及哲学、伦理,其仪式涉及艺术、美学、教育,其组织涉及法律、政治。它可以兼收并蓄社会的各种文化形式,并且可以吸收不同民族的文化,例如,佛教不仅带来了印度的哲学和信仰,而且带来了艺术、建筑和音乐。我们不妨设想一下,假如中国没有佛教,那么中国文化将会在各个领域出现多么大的空缺。宗教是社会文化发展的一个重要的方面,在人类文明史上,还没有一种文化形式具有宗教这样广大的包容性。

在我们对封建社会的宗教进行了这样一番讨论之后,让我们来看我国两汉魏晋时期兴起的宗教。

早在商周时代,中国已有宗教,统治者们祭天占卜,尤其是敬奉祖先。这些宗教活动有一个共同点,没有形成系统的神学理论,只是依据长期自发形成的传说和神话,也没有专职的宗教僧侣,没有稳固的宗教组织。这样的宗教所敬拜的神,比较杂乱,多数是自然力或自然物的变形,或是自然人被奉为神祇。这犹如古希腊的奥林匹斯教,宙斯是天神,波塞冬是海神,阿波罗是太阳神,赫淮斯托斯是火神,阿尔忒弥斯是月神,等等。奥林匹斯教关于神的观念来自于远古的神话和传说。古希腊人祭神十分隆重,是整个城邦国家的大事,著名的奥林匹克竞技运动会就是起源于敬神赛会。但是,古希腊人只知有这些神,认为这些神会降祸或者赐福给他们,至于这些神具有哪些性质,对于这些神应该有哪些明确的信条,他们却没有想过。他们没有关于神的系统神学理论。我们把这种产生于原始社会,延续至早期文明时代,以自然为背景,没有自觉的神学理论和组织的宗教,叫作自发宗教或自然宗教。两汉以前,中国的宗教属于自发宗教。从两汉时代开始,我国兴起了新的自觉的神学宗教,就是道教与佛教。

所谓神学宗教,就是自觉建立的人为的宗教,有这样几点特征:第一,建立起系统的神学理论,一般以某种哲学理论为基础,把哲学理论神学化,形成详尽的神学世界观。基督教以古希腊柏拉图哲学为基础建立神学理论,道教以道家哲学为基础建立神学理论。进一步吸收已知的天文地理科学知识,构造出神学的宇宙观。第二,形成了固定职业的僧侣集团和组织。僧侣是专门的宗教职业者,具有一定的文化知识,研究神学和哲学,组织宗教活动。僧侣和世俗国家组织一样,构成从上至下的教阶,形成严密的组织。不同等级的僧侣在物质生活和宗教生活中有很大差别,使僧侣也像世俗官吏那样,有一个从下向上爬的过程。第三,神学宗教所信奉的神,不再是自然力或自然物的变形,而是社会力量的变形。自然宗教是自然力的异化,是无阶级社会的宗教形式。而神学宗教是阶级社会的宗教,是社会阶级关系在宗教中的表现形式,是社会关系的异化。在自然宗教中,人们祈求神的,主要是避免自然力的伤害。在神学宗教中,人们主要祈求神拯救人间的、社会的苦难。第四,适应神学理论系统化,神学宗教的礼仪也达到了规范化。自然宗教的礼仪粗糙、原始,有时甚至是野蛮的,例如,祭祀活动中宰杀生灵,割破人的体肤等。神学宗教抛弃了这些原始礼仪,制定了突出思想内容的文明的礼仪,使人在宗教仪式中不感到恐怖,而体验到一种温馨的感受,从而形成一种习惯,让人在礼仪中获得宗教体验,有利于宗教的保存与传播。

在神学宗教中,仍然有一神教与多神教之分,佛教与道教属于多神教,西方的基督教和伊斯兰教是典型的一神教。

东汉末年,社会危机加深,群雄割据,国内混战,大批农民破产,流离失所,社会进入动乱不定状况。由董仲舒、汉武帝开始的"独尊"的儒家学说已经无法维持正常的社会秩序,各种各样的哲学派别都不能满足人们的精神需要。人们在现实世界,在理性范围内,难以找到精神寄托。汉末的动乱和东周的动乱不同。东周的动乱带来的是百家争鸣、群学蜂起,创立了许多富有思想内容的学派。一是由于封建阶级兴起,是新兴的力量,一是由于农业文明基础上的哲学创造力充分发挥,人的理性显现出灿烂的光辉。汉末的动乱已非昔比,这是封建阶级内部的争夺,同时,农业文明基础上理性思维能力和哲学创造力已经发挥出来,人们已经没有能力创造出不同于先秦哲学的新学派。在这种文化背景下,人们必然要寻找新的精神寄托。这新的寄托不可能是理性的哲学的,尤其是广大农民,不可能从深奥的哲学概念中得到精神满足。于是,一条新的途径开辟出来,佛教和道教不可避免地兴起。换句话说,人们在现实世界中找不到解脱之路,就用自己的精神打开了来世和神国的大门。

道教是中国人自己创立的宗教,其思想观念完全是中国的。道教跟道家不同,道教是宗教,道家是哲学派别。这犹如狗和热狗不同一样。虽然道教和道家的区别不像狗和热狗的区别那么大,但这个比喻仍有其道理。哲学往往是神学宗教的思想来源,道家便是道教的思想渊源之一。

道教的早期历史很长,并没有一个明确的时间可以确定为道教的创立。道教有许多起源,在不同的时间、不同的地区创立了一些派别,这些派别最后汇合成为道教。公元前 2 世纪上半叶,东汉顺帝时,有个叫张陵的人,本是沛国丰人,就是今天江苏丰县人,在四川重庆做官,官不很大,巴郡江州令。他入鹤鸣山修道,奉老子为教主,以《道德经》为主要经典,并自称由太上老君口授他写下 24 篇道书,创立了"五斗米道"(凡入教者交纳五斗米,故称五斗米道)。他死后,其子张衡(不是同时代的东汉科学家张衡)、其孙张鲁,继续在川西北和陕南一带传道。后来,道徒们尊张陵为天师，故"五斗米道"又称"天师道"。张陵的故事说明两个事实：一是在张陵入山修道时，修道已经是一种在社会上广泛施行的活动。早在远古时代，就有许多民间巫术。秦汉时代，神仙传说和方术盛行，一些方士宣称可以炼出金丹和长生不死的仙丹。还有一些修炼长生的法术，司马迁记载张良辅佐刘邦功成之后，退出政界，欲从赤松子游，学辟谷之术，导引轻身之法。所有这些说明，通过修炼，可以达到一种不死的境界，是当时社会上流传的观念。修炼的目的，是超脱人世，成为神仙。另一个事实是《老子》一书，也就是《道德经》，是道家的思想来源之一。而且，道教一直把李耳奉为道教始祖。

公元2世纪下半叶，汉灵帝时，有一个崇拜黄老的人，叫作张角，河北巨鹿人。他把当时流传的一部书《太平经》作为主要经典，以符水、咒法为人治病，自称大贤良师，在广大农民中传教，创立了太平道。在十几年里，太平道徒达数十万，于是发动了著名的"黄巾起义"。后来失败，受到残酷镇压。

五斗米道和太平道得到流行，说明它们适应了当时社会的需要，尤其是适应了广大贫苦农民的需要。太平道受到了镇压，逐渐消失。五斗米道却保留下来，并且向北方传播。后来，在三国两晋期间，由于江南在历次战乱中受破坏较小，许多中原及巴蜀民众为避乱而迁居吴地，其中的道教徒在江南传教，使得道教在西南、北方、东南都有了发展，成为全国性宗教。

从道教创立的早期历史可以看出，它的思想来源十分庞杂，远古的巫术，秦汉的方术，道家思想，黄老思想，阴阳五行观念，甚至还有以修炼养生为外衣的古代医学保健知识等。而且，道教最早是适应下层人民群众需要而产生的，这使得它的思想比较简单、粗糙。这是道教发展的第一个阶段。即从民间崛起和形成的时代。如果民间形成的原始道教停留于这个状态，那么它还算不上神学宗教，要不了多久，就会自消自灭。

道教要发展，必须使士大夫和知识分子认可，并且对其信仰感兴趣，这就要求道教摆脱原始形态的粗糙特点，在理论上成长起来。

　　对道教进行理论建设，使其开始摆脱民间的原始状态，较早的著名代表人物是葛洪。他是东晋著名道教学者，字稚川，自号抱朴子。江苏人，出身江南士族，从小受到很好的教育。他著有《抱朴子》一书，分为内、外两篇，内篇宣传神仙方药、养生延年的仙道学说，外篇论述人间得失的经国治世儒术。葛洪继承了早期的神仙理论，崇信炼制和服食金丹可以长生成仙。他相信有神仙，而且神仙可以学，可以做。凡人只要掌握了仙道法术，就能成仙。秦皇汉武这些君主所以求仙不得，主要是他们徒有好仙之名，而无修道之实，不知仙道的至要精髓，又未得到金丹大药。葛洪对修道和炼丹做了详细的理论阐述。同时，葛洪又将神仙方术与儒家的纲常名教相结合，强调道徒要以忠孝、和顺、仁信为本。如果只务方术，不修德行，也不能成仙。所以，养生求仙是内修，儒术应世是外修，内外结合才是修道正路。道教在葛洪这里，开始摆脱原始的民间特点，逐渐开始形成一套神学理论，并且具备了礼仪、修行、伦理等规则，开始在社会上层传播。这是道教发展的第二个阶段，即形成理论，进入社会上层的阶段。

　　南北朝时期，道教发展进入第三阶段，即发展的高潮阶段，道教神学趋于完成，并且成长为官方化的宗教。这时在南北两方，有两个代表人物，北方的寇谦之、南方的陆修静，他们对道教理论发挥了重要的作用。寇谦之(365—448年)是十六国北魏之际北方道教的首领，他为了使道教得到统治阶层的支持，一方面抨击早期五斗米道的"流弊"，修改原始道教的阶级属性，另一方面适应少数民族政权进入中原后力求得到神圣根据的需要，宣称北魏统治者是"北方太平真君"。结果，北魏皇帝也信了道，道教成了官方化的宗教。北魏成为道教帝国，皇帝登基时，都采用道教形式，由道士祝福。从寇谦之开始，道教不再叫天师道等各种杂乱名称,而称为道教。寇谦之不仅制订了详细的道教礼仪、教规,建立了道教组织,而且吸收儒家、佛教等思想,建立了道教神学。寇谦之在道教发展史上有里程碑一样的地位。陆修静与寇谦之相呼应,在南方对道教进行改革,推动了南朝上层道教的形成。陆修静(406—477年),字元德,浙江吴兴人,主要生活于南朝刘宋时期。早年是云游四方的神仙道教徒,后在庐山隐居数年,名声远播。南朝刘宋朝帝王请他出山,向他问道,为他专门建造一座崇虚馆。陆修静在崇虚馆居住十年之久,整理道教经典,撰写阐释道教信仰、礼仪、规戒的著作,最后逝世于崇虚馆。道教对他给予极高评价,说他要创立可让"王者遵奉"的道教。由此可见,陆修静同寇谦之一样,清理整顿道教思想,建立道教理论体系,使道教进入社会上层,直至封建帝王。据说不仅刘宋朝帝王向他问道,而且太后对他执弟子礼。道教经书极多,而且杂乱,陆修静做了系统清理。他把道教经典分为三洞(洞真、洞玄、洞神)、四辅(太玄、太平、太清、正一)共七大部类。这种系统分类法,表现了一定的神学观点。三洞经典是道教主经。洞真部据说是玉清境洞真教主所作;洞玄部是上清境洞玄教主所作;洞神部是太清境洞神教主所作。三洞三教主观念,源于天师道所说大道出"玄、元、始"三气,化生"天、地、人"三才的"宇宙生成论"。这是把老子的道生万物观念神学化了。四辅中太玄、太平、太清三部经书分别辅助洞真、洞玄、洞神三洞经书,正一部普遍辅助。三洞四辅不仅是道书分类法,同时也包含着区分道教品位高低和排列道士的阶级次序的意思。道士要从低到高依次逐级受经修行,不得逾越。一个道士,修持什么经书,就具有多高的级别。这和今天大学、中学、小学的学生读不同的书是一样的。陆修静对道教的戒律、礼仪详细制订,使其臻于完善。在他之前,道书中已有各种各样的戒律,有的几戒,有的数十戒,有的甚至数百上千戒,凡道士日常修行及生活起居的各方面,都有相应的戒规。许多戒规是照搬佛教,只是把定戒者换上老君或元始天尊的名字而已。陆修静之前也逐步形成了一套道教特有的礼仪即斋醮法事,大致有清心沐浴、设坛上供、焚香化符、诵经念咒、请神降临、忏悔罪过、礼拜赞颂,最后复炉解坛等等程序。陆修静在总结前代斋仪的基础上,制订了"九斋十二法"的斋醮体系。这使得道教的斋醮仪式基本形成了完整体系,对后世影响极大。陆修静还模仿封建国家管理办法制定了道教基层组织制度,使道教加强了对教徒的管理,形成了严密的组织。经过陆修静的倾心努力,道教在南方从思想信仰、礼仪、组织等各方面焕然新貌,成长为成熟的神学宗教。

道教产生于汉末,传播于两晋,成熟于南北朝。经过北方寇谦之、南方陆修静两位著名道人的改革和发展,理论、礼仪、组织各方面基本制订完善,摆脱了原始性,成长为官方化的神学宗教。

道教信仰的核心是"道",这是其教义和神仙方术的发源地。道本是先秦道家哲学的概念。在哲学中,道是万物的本原,是宇宙的原始。无论道怎样玄、怎样深远,但道最后化生天地万物,这中间没有什么神秘。道教把这个哲学观念改造成宗教信仰观念。在道教中,道是最原始的神,道就是老子。把道家哲学和神仙观念结合,道不再是客观的存在,而变成为有人格的神。道散形为气,聚形就成为太上老君。信道也就是尊奉老子为神。

道教是多神教,除老子外,还有许多神,有的教派甚至认为与老子并列的本原之神也有几位。道教的经典玄之又玄,不易掌握,普通群众读不懂,于是,在民间有无数的道教派别,敬拜不同的神仙。八仙是个典型。

道教的经书十分庞杂,恐怕一个最有道行的大师,也不可能尽览道经,只能摄其要。道教礼仪未能彻底清除原始巫术和祖先崇拜等遗迹,道教的礼仪十分烦琐,一次斋事有时要连做数十天,有道之士尚苦不堪言,一般道徒望而生畏。道教理论很不统一,说法杂乱,缺乏论证。道教认为神仙可修,这点有吸引力,但其修持方法艰深,而且,给人的期望值过高，往往令人失望，难以坚持，半途而废。

　　道教满足了社会需要，得到传播和官方认可，并且在唐代达到其隆盛，但是，由于具有这些缺点，它不可能像西方一神教那样，取代一切宗教和哲学，成为一统天下的意识形态。同佛教比较起来，道教在各方面亦相形见绌。

　　佛教本是印度的宗教。公元前5世纪，印度社会矛盾极其尖锐。社会分为四个阶级，祭司贵族称为婆罗门，世俗贵族称为刹帝利，下层劳动群众称为吠舍，奴隶称为首陀罗。四个阶级被定为四个种姓，世代相承，身份永远不可改变。与这种社会制度相适应的是婆罗门教，这是贵族阶级的宗教，维护种姓制度。残酷的压迫使许多人逃避现实社会，隐居修炼，以求解脱。佛教创始人释迦牟尼就曾是一个苦修者。大约在他35岁时，有一次他单身端坐在菩提树下，思索解脱之道。经过若干昼夜，他自觉大彻大悟，发现了宇宙与人生的奥秘，找到了解脱众生苦难的途径。此后40余年，他把悟到的道理在恒河流域广泛宣传，争取信众，形成教义，组成专职僧侣集团，创立了佛教。释迦牟尼宣传的脱离人间苦海、众生平等、因果轮回等教义，适应了社会的需要，佛教得到广泛传播，并在公元前3世纪成为印度孔雀王朝时期的国教。但是，由于印度社会的种姓制度十分牢固，这同佛教众生平等观念不适应，又由于其他宗教的兴起，所以佛教最后在印度被取代。佛教的众生平等和人间苦难等观念使其越出国界，沿着两条路线向外传播。南线传入斯里兰卡，接着传到缅甸、泰国、柬埔寨、老挝等国。北线经帕米尔高原传入中国，再由中国传入朝鲜、日本、越南等国。佛教在其发源地印度衰落了，却在南亚、东亚兴盛起来，成为世界宗教。

　　两汉之际，或者更早一点，佛教沿两条路线传入中国。一条是南线的水路，印度商船曾活跃于浙江、山东、河北沿海，带来了佛教。一条是北线的陆路，从西域传入内地，历史上出现了许多西域高僧，这条路线是佛教传入中国的主渠道。东汉初年上层权贵已有人信佛，历史记载一些亲王"学会浮屠"。公元1世纪中叶，汉明帝刘庄曾经梦见一个金人。有学问的大臣为他解梦，告诉他金人是天竺国的神，叫作"佛"。刘庄于公元65年派官员蔡愔率博士弟子去天竺求佛。实际上，使者们并没有到印度，只是到了西域。两三年后，使者们回国，用白马驮着佛经，随行而来的还有西域高僧。刘庄下令在首都洛阳东郊，建造一座寺院，安置高僧，存放佛经。这是中国最早的佛教寺院，因白马驮经的故事，所以至今仍叫"白马寺"。这个故事是佛教传入中国的最早的事实，但是，可以肯定佛教在这之前已经传入，否则，大臣们怎么知道"佛"，如不知有佛，怎么会遣使去取经。

佛经是外来宗教，人们在不了解时总是用本地的观念来想象它。最初人们把佛和黄帝、老子一样祭祀，把佛门弟子当成方士。佛教在中国发展的关键是经书的翻译，只有佛经变成中文，才能传播开来。最早从事翻译工作的是来自西域的高僧，他们对佛经的汉化发挥了重要的作用。148年，一位名叫安世高的僧人来到洛阳，他原是安息国的王子，把王位让给别人自己出家为僧。他在洛阳译出了数十卷佛经。几乎是同时，另一位高僧名叫支娄伽谶也来到了洛阳，他原是月支国人，共把27卷佛经译成汉语。安世高和支娄伽谶做的是开创性的工作，因为最早译佛经要确定一些基本概念的译法，要把梵文转译成汉文。过了200多年，十六国时代，有一位高僧名叫鸠摩罗什，西域龟兹国人，他被后秦王派人迎至长安，请入逍遥园，以国师之礼相待。他同弟子们一起，共译出佛经384卷。据传，他有弟子三五千，著名者数十人，对佛教在中国的传播发挥了重要作用。

佛教有三宝：佛、法、僧。

佛是佛教的创立者和信仰对象，有两层含义，狭义指释迦牟尼，广义指一切觉悟者，人人皆可是佛，佛成为一种境界，成为人追求的目标。

法指佛教的教义或信仰。佛教传入中国,既保留其基本精神,又要同道教、儒学相结合。如不能保留基本精神,则算不上佛教。如不同道教、儒学相结合,则不能在中国的土地上生根。佛教在中国传播,最后成为中国文化不可缺少的一部分,为中国灿烂的古代文化增光,是中国吸收外来文化最成功的事业。佛教的教义从释迦牟尼开始,历经各派,有许多说法,可以简要地归纳为几个观念。最基本的一个观念叫作"苦"。这是佛教看人生的真谛。佛教认为,人生是无尽无休的苦,生、老、病、死皆是苦,憎是苦,爱是苦,欲求是苦,一切引起人的身心要求的都是苦。所以,人应该想办法、寻正道,脱离苦海。人生为什么是苦呢?佛教认为原因在于"业"。人的一切行为和思想都是业。例如,你对别人有了忌妒之心,虽然只是在心里想,这也是一种业。你帮别人做了好事,也是一种业。你用语言表达了什么,无论后果是好是坏,都是一种业。思想、语言、行为,都使人具有业。人有了业,就一定会有"报"。所谓善业有善报,恶业有恶报。这是摆脱不了的"因缘"。前世业,今世报;今世业,来世报。过去、现在、未来,共三世,有两重因果。人生就因为有这业报轮回,所以有无限苦。怎样才能脱离人生的苦海呢?唯一的办法和正道就是"灭"。所谓灭,就是根绝、灭绝业。不作"业",因而不受报,就可以超脱轮回之苦。不作业,这是关键。做好事也是做业。真正做到不作业,要达到一种寂灭的状态,这是一种崇高的境界,叫作"涅槃"。靠自然身体死亡达不到涅槃,这种境界要通过静修、思索、冥想,寻求真谛。一个真心追求涅槃境界的人,不要相信事物的真实性,其实万物都是虚幻的,都是"空"。不仅物是空,我也是空。悟空是进入涅槃的门径,如果不能觉悟、领悟到"空",那么就达不到涅槃境界。修炼佛法就是悟空的过程,信佛就是入空门。上述这些观念,苦、业、报、因缘、轮回、灭、涅槃、空等等,是佛教的基本教义。人生在世界上,矛盾和苦恼是免不了的,佛教的这些观念很能打动人心,使人悲观地对待人生,在现实生活中退让。

佛教的第三宝叫作僧，又叫僧伽。这是梵文的音译，指信仰佛教出家修行的人。男性称作比丘，又叫和尚。女性称作比丘尼，又叫尼姑。广义的僧伽也包括在家修行的居士，男性叫作优婆塞，女性叫作优婆夷。合在一起，广义的僧伽包括出家和不出家的信徒，合称"四众弟子"。佛教经过二三百年的传播，南北朝时，全国已有僧尼数百万人，寺院数千座，所谓天下名山尽为寺庙所占。

佛教传入中国，三宝俱全，已经发展成为一个完整的宗教，而且，佛教成为中国最大的宗教。

道教和佛教，在两汉魏晋南北朝时期发展起来，成为漫长的封建社会中社会文化和人的精神生活的一个重要方面，一个不可缺少的方面。

魏晋玄学

汉初"无为而治"的道家政治给人留下深刻印象，当"独尊儒术"遇到困难，在道教、佛教兴起的同时，道家思想出现了一段复兴，就是魏晋时期的玄学。

所谓"玄学"，原无明确定义。自东汉末年经曹魏而至两晋这一时期中，有所谓"清谈"之风。就此种人之生活态度而言，乃属于放诞一流；就其言论内容而言，则"清谈"之士所谈之话题亦大致有一范围，而在此范围中所提出之意见、主张，亦大致表现一种思想倾向。

"玄学"一词来源于《老子》的"玄之又玄，众妙之门"，意思是虚无玄远，高深莫测。老子把"理"理解为世界的原始，构造了一种非常抽象的"形而上学"理论。魏晋时期的哲学家们进了一步，把这种讨论世界本原的哲学思想叫作玄学。玄学并不玄，不过是一种形而上学的哲学。

把道家思想发展为玄学，是受当时社会风气影响。当时在士大夫中间有一股"清谈"之风。创立魏国的曹操，是一个力行实践的政治家，他用人任事，只要求才能，而不过问私生活。不仅在魏国，蜀汉和东吴，也是重视真才实能,不拘泥于寻章摘句的死学问。只会讲理论的儒生和博士们受到冷淡,他们只能聚在一起,空话连篇地自我炫耀。司马氏父子当权后,为了防止人们反对,疯狂地杀人,只要疑心谁忠于曹氏,就灭其族,首都洛阳成为血窟,士大夫们陷入恐慌。于是这些已当了官或尚未当官的知识分子,发明了一种避祸的办法,就是完全脱离现实,言论不涉及任何具体事物,当然更不涉及政治,以免引起曲解和诬陷。"清净无为"的老庄哲学,正适合这种需要。士大夫们认为,谈了很久还没有人知道他谈什么,才是第一等的学问。这种现象,被称为"清谈"。正是在这种"清谈"的风气之下,道家思想变成了玄学。

汉末随着儒家经学的衰微,被党锢诸名士遭到政治暴力的摧残与压迫,一变其具体评议朝廷人物任用的当否,即所谓"清议",而改为抽象玄理的讨论;另一个原因就是魏初正始年间的改制运动,倡自何晏、夏侯玄。作为一种新思潮的魏晋玄学,它吸收道家精神形态,所讨论的问题是从《周易》、《老子》、《庄子》三本经典而来。以老庄思想为骨架,究极宇宙人生的哲理,即"本末有无"的问题,以讲究修辞与技巧的谈说论辩方式而进行的一种学术社交活动,其发展并非要取代儒家,而是要调和儒、道,使儒、道兼容。

魏晋玄学可分前后两期。魏末西晋时代为"清谈"的前期,是承袭东汉"清议"的风气,就一些实际问题和哲理的反复辩论,亦与当时士大夫的出处、进退关系至为密切,可概括地分为正始、竹林和元康三时期。在理论上有老或庄之偏重,但主要的仍是对于儒家名教的态度,即政治倾向的不同。

正始时期玄学家中,以何晏、王弼为代表,从研究名理而发展到无名。而竹林时期玄学家以阮籍、嵇康为代表,皆标榜老庄之学,以自然为宗,不愿与司马氏政权合作。

元康时期玄学家以向秀、郭象为代表。东晋一朝为"清谈"后期,"清谈"只为口中或纸上的玄言,已失去政治上的实际性质,仅只作为名士身份的装饰品,并且与佛教结合,有发展为儒、道、佛三位一体的趋势。

从哲学理论的发展来看,玄学并不是毫无内容的。"形而上学"虽然抽象,虽然离现实比较远,但仍是一种哲学。玄学虽然玄,最终总会从世界观转化到具体事物上去。问题是,中国文化不重视"形而上学"的理论,只重视"修身、齐家、治国、平天下"的道理,重实际、重效用。像西方哲学中那种纯抽象理论,很少见,而玄学是难得的现象。

老子哲学是一种"形而上学"的理论,表明中国人有很高的抽象思维能力,只是中国文化的特点决定,我们不重视"形而上学"理论的讨论。玄学更加证明了这一点。玄学摆脱了具体的形象,超然于感性事物之上,仅在抽象思维领域讨论问题,这是中国哲学的一个方面。玄学提出了"有与无、本与末、一与多、动与静、体与用、言与意"等抽象的哲学范畴,使中国哲学的思维水平提高了一大步。

我们应肯定玄学的理论意义,肯定它在中国哲学史上应有的地位,但是,玄学毕竟是一种十分生僻艰涩的理论,对于大多数人来说,不能也没有必要了解更多,只要知道其基本精神就可以了。

玄学的一个代表人物是王弼(226—249年),字辅嗣,他生活的年代正是曹魏与司马氏两个士族集团激烈争夺的年代,他官至尚书郎,官不很大,又处于涡旋之中。在这种情况下,他首开玄学"清谈"风气,是相当聪明的。他是早熟的才子,少年即享高名,死时仅24岁,遗下一妻一女。王弼认为,道就是无,无名无形,不能体认,不可言说。一切有形有象的东西都是从"无"产生的。无或道是世界的本原,有生于无。无是

王弼像

本,事物作为有是末。本是母,末是子。末是从本中产生的。世界上的各种具体事物,之所以能够存在,是因为有一个"无"作为它的本体。如果要从事物的整体来了解它们,就必须从无来把握。用他的原话说:"天下之物皆以有为生。有之所始,以无为本。将欲全有,必反于无也。"要了解世界万物,必须首先把握其"本",认识"道"或"无",如果离开"道"或"无"去认识事物,就是舍本逐末,结果什么也弄不清楚。万物是变化的,但是其本体"无"却是不变的,万物之动,不过是静的表现。如果万物静,则本体不能静;万物皆动,而本体独静。

王弼的玄学也涉及了社会问题,把以"无"为本的观点用于政治。他主张"无为而治",只是他的观点不同于老子的顺应自然。他把无为而治演化为一种统治术。在他看来,统治者耗费智力、体力、精力是徒劳而且危险的,因为你用什么办法去对付老百姓,老百姓必然以其道还治其身,弄来弄去,老百姓反而学得更聪明了,这等于授人以柄。所以,要对老百姓进行有效的统治,必须施行无为政治。老百姓为什么难治理呢?是因为智慧太多了,这使得统治者费更多的心思去研究新的统治方法,与其如此,不如使老百姓无知无欲,这样统治反而更有效。王弼这里的"无为"是一种术,一种道术。

老子曾说,世界之始,处于似有似无之间。王弼把"道"理解为无,只说了老子思想的一面。叫作"贵无"。另一位玄学家裴頠说了另一面,把道看做是有,叫做"崇有"。贵无和崇有,是老子思想的发挥,是道家哲学的玄学化。

郭象(约252—312年)中国西晋时玄学家,字子玄。河南洛阳人。官至黄门侍郎、太傅主簿。好老庄,善清谈。曾注《庄子》,由向秀注"述而广之",别成一书,"儒墨之迹见鄙,道家之言遂盛焉"。后向秀注本佚失,仅存郭注,流传至今。郭象反对"有生于无"的观点,认为天地间一切事物都是独自生成变化的,万物没有一个统一的根据,在名教与自然的关系上,他调和二者,认为名教合于人的本性,人的本性也应符合名教。他以此论证封建社会等级制度的合理性,认为社会中有各种各样的事,人生来就有各种各样的能力。有哪样能力的人就做哪一种事业,这样的安排既是出乎自然,也合乎人的本性。

郭象哲学思想是魏晋玄学发展中的一个重要阶段。郭象哲学有两个重要独特的名词,一个是"独化",一个是"玄冥"。这两个名词之所以重要,因为前者是回答有关玄学本体论的问题,后者则是讨论有关心灵境界的问题,而这两点正是玄学,也是郭象哲学的主题所在。之所以独特,则由于这两个名词所表达的哲学意蕴不仅前期玄学,即使先秦道家,也没有提出这两个概念,是其他玄学家所没有,而为郭象所独有的。庄子曾提出"独有"的问题,但是还没有从更一般的意义上去论述(在庄子那里,"独有"无疑是个人的精神境界问题),至于"玄冥之境",在庄子哲学中虽然包含着相关的意义,但是还没有形成如同郭象这样的独特理论。郭象的"独化论"在理论上有许多失足之处,但在当时历史条件下,逻辑论证是相当精致的。他基本上满足了当时门阀地主阶级调和、统一名教与自然矛盾的理论要求。

郭象像

裴頠(267—300年)字逸民,担任过西晋王朝的尚书左仆射等官职,34岁时死于政治斗争。他反对王弼、何晏的"贵无论",他认为,万物的本体只能是有,不能是无,道是有。无中不能生有,如果道是无,就什么也生不出来。世界上的事物,是有生于有,不是有生于无。无只是有的消失。裴頠指责"贵无"理论颠倒是非功过,形成贪图享乐、不尽职守的坏风气。贵无者自命清高,不务实事,有严重的危害,长期下去,礼制弗存,无以为政矣。

还有一些玄学家,例如何晏、欧阳建、向秀等,都参与了"有无之争"或是把老子、庄子思想玄学化的事业。

玄学深化了中国哲学。玄学家们都是名门望族,出身显贵家庭,有学问,有良好的教育。他们通过"清谈",犹如做纯思想的体操。其实,"清谈"只是形式,内容仍然是道家哲学在新时期的运用,"清谈"的背后仍然是社会矛盾。这个时期,社会糜烂,统治阶级极其放纵,宗教兴起,许多人从宗教寻找寄托。玄学家们以"清谈"的方式来达到某种逃避。后来,玄学逐渐消失在宗教之中,一方面消失在佛教中,为佛教神学所吸收,一方面消失在道教中,有助于道教神学的建立与发展。玄学自身难以为继,因为这只是士族知识分子们的权宜之计,在中国重实用、轻思辨的文化环境中,它终究会消失。

裴頠像

儒、释、道

儒指的是孔子开创的学派,曾长期作为中国官方意识的存在,其影响波及朝鲜半岛、日本、中南半岛等地区。释指的是印度净饭王儿子乔达摩·悉达多创立的佛教,因悉达多为释迦牟尼佛,故又称释教。佛教是世界四大宗教之一,道指的是东汉末年张道陵依据《道德经》(即《老子》)《南华经》即(庄子)创立的宗教,是中国本土宗教。在中国境内广泛传播,影响巨大。

秦汉到南北朝,前后共800多年,在这漫长的八个多世纪里,中国社会经历了艰难的文化选择过程。大致在相同的时间,西方文化也经历了选择和转型,从古希腊的理性主义文化转变为基督教文化。中国文化的选择大致经历了三种形式:一是法、道、儒三派哲学分别进行社会实践,结果名为"独尊儒术",实为以儒为主去吸收法、道两家,形成适合封建社会发展的新儒家。一是吸收外国文化,引进佛教,并且使佛教中国化。一是以道家哲学为思想渊源和基本观念,创立道教。最后,形成了儒、释、道三家并立的局面,这是中国文化的基本结构。儒,是新儒家,而且,儒家还要吸收其他学派的思想,只有这样,才能在三家中居主要地位。释,即佛教,因教主是释迦牟尼而来。佛教是仅次于儒家的文化分支,在后来的发展中,将产生出地道的中国佛学。道是道教,居于第三位。作为宗教它在教义神学的深微方面不如佛教,又有其他一些缺点,它虽然适应社会得到广泛传播,却不能超过佛教,只能居于第三位。

以儒为主,三家并立,是中国文化选择建立的基本结构,是中国文化的最显著特征。以儒为主,决定了中国文化是以伦理为核心的,反过来说,中国的封建宗法制度也决定了中国文化以伦理为核心,以儒为主。同时,只有以儒为主才会有佛、道并立的局面。宗教排他性极强,如果佛、道不在儒学之下,则其不能两立。无论哪种宗教占上,它都会消灭对方。那些以宗教为核心的民族文化,只允许有一种宗教,而且把哲学也当成神学的侍女,不允许独立存在,西方的基督教、中东的伊斯兰教,在封建社会都是如此。中国三家并立的文化结构表明了中华文化的胸襟广大,具有极强的兼容性。

三家并立,不是不相往来,而是相互融汇。有一种说法叫作"三教合流"。

明太祖朱元璋开"三教合一"风气之先。太祖曾经入寺为僧的经历,使他洞悉佛、道二教阴翊王化的玄机,深知佛、道二教内部的弊端,并力行整顿。在此基础上,明太祖进而提出了三教并用之说:"若绝弃之而杳然,则世无神鬼,人无畏矣。王纲力用焉。于斯三教,除仲尼之道,祖尧舜,率三王,删诗制典,万世永赖。其佛仙之幽灵,暗助王纲,益世无穷。"

朱元璋曾自制僧律二十六条,颁于皇觉寺。内一款云:"凡有明经儒士,及云水高僧,及能文道士若欲留寺,听从其便,诸僧得以询问道理,晓解文辞。"明经儒士、能文道士留居僧寺,其实就是鼓励僧流参儒、道二氏法度,所透露的基本信息则是"三教合流"。

上有所好,下必应之。朱元璋提倡三教并用,其臣下随之极力鼓吹。宋濂号称明初文人之首,侍奉太祖左右,明太祖旨意,故对禅学也深信不疑,并对佛教的作用也称颂有加。他说:"大雄氏之道,不即世间,不离世间,乌可岐而二之?我心空邪?则凡世间诸相,高下、洪纤、动静、浮沉,无非自妙性光中发现。苟为不然,虽法王所说经教,与夫诸祖印心密旨,皆为障碍矣。"明代学者罗钦顺称宋濂学问,"一生受用,无非禅学而已",可谓一语中的。除宋濂外,明初学者中,主张三教合一,肯定佛、道功能者,颇有人在,诸如乌斯道称:"佛亦赞天子之教化";张孟兼则将道家世俗化,从而达到佛、道相融的目的;而陈琏则更将道、佛合而为一,认为道教虽以清净为本,"而未尝以捐绝世务为高"。如此等等,不胜枚举。

明成祖朱棣起兵靖难,夺取宝座,得佛教名僧道衍(即姚广孝)之力不小。于是即位以后,对佛教多有佑护。成祖朝时大量善书的编撰,说明三教合一的观念已得到朝廷的普遍提倡。如朱棣在《孝顺事实》一书中,显然已将儒家之孝道与道教的感应思想结合在一起。除《孝顺事实》外,明成祖还敕撰《为善阴骘》一书。通过"阴骘"观念,教化民众行善积德,从而使儒、佛、道在"阴骘"观念上趋于融合。而仁孝徐皇后所撰之《劝善书》,无疑是对成祖《为善阴骘》一书的回应,从而将儒、佛、道三教劝善之言熔于一炉。所有上述御制书或敕撰书,均以儒家的五伦甚或孝道为中心,别采佛、道劝善之言,以为佑护、佐证儒、佛、道融而为一。众所周知,这些书籍陆续被颁发于天下学宫,为天下士子所必读。由此可见,它们对儒、佛、道的合流起了推波助澜的作用。

王阳明在明代学术、思想史上具有举足轻重的地位,而在儒、佛、道三教合一观念的流衍或变迁中,王阳明更是起到了至关重要的作用。在他以前,固然明太祖、成祖倡导三教合一,亦有学者宣扬三教合流。然究其本质,不过是藉佛、道的威慑作用,暗助王纲。所注意的是佛、道的善化功能,所采用的方法亦不过是流于表面的援佛、道助儒。而王阳明则不同,他是援佛、道入儒,创制心学,其影响及于整个晚明思想界。尽管王阳明集子中也不乏辟佛之言,而其根本则由王门后学陶望龄一语道破天机,即"阳抑而阴扶也。使阳明不借言辟佛,则儒生辈断断无佛种矣。今之学佛者,皆因良知二字诱之也"。王阳明学术得益于佛、道二氏之处颇多,尤其与禅宗的关系更深。他的心学,即由禅宗"即心即佛"发展而来,而禅宗关于"定"与"慧"的关系问题,更为王阳明"寂"与"照"的关系所取代。此中关系,明末清初学者张履祥已洞察秋毫:"三教合一之说,莫盛于阳明之门。察其立言之意,盖欲使墨尽归儒,浸淫至于今日,此道日晦,彼说日昌,未有逃禅以入儒,只见逃儒以入释,波流风煽,何所底极!"事实确乎如此。王门后学,大多逃于禅释,主张三教合一。在晚明,以王门后学为中心,再有其他一大批学者与之呼应,三教合一之说一时甚嚣尘上,甚至其影响及于科举考试的八股文字。为叙述方便,下举罗汝芳、王畿、袁黄、李贽、屠隆、陶望龄、公安三袁(袁宗道、袁宏道、袁中道)、竟陵派钟惺、李元阳、管志道、林兆恩等人为例,以考察晚明三教合一之风在学术界的流行。

据明人记载,罗汝芳深嗜禅学,家中方僧常常满座,以致"两子皆为所诱,一旦弃父母妻孥去,莫知所终"。王畿虽曾区分儒、佛之异,更深究王学与养生家言的差别,然无论从其为学过程抑或部分宗旨来看,也不得不借重佛、道。他曾说:"吾儒极辟禅,然禅家亦有不可及者。"在明末,袁黄与李贽均是妇孺皆知的人物,他们的学说已深入人心。究他们两人的学术特点,事实上也是"混佛老于学术"儒、佛、道三教熔于一炉。正如明末学者张履祥所言:"近世袁黄、李贽混佛老于学术,其原本于圣人之道不明，洪水猛兽，盖在于人之心术也。"袁黄的出名，其实就是他所作的《功过格》一类善书，而此类善书的中心思想，仍是报应、阴骘，其根本则是儒、佛、道三教合一。而李贽更是断言："儒、释、道之学一也，以其初皆期于闻道也。"屠隆自称好谈二氏，对佛、道均持肯定的态度。他认为佛"宣教淑人，亦辅儒者之不逮"；他专写《十贤赞》一篇，首列老庄，称老子为"吹万布德，真人是储"。

陶望龄对佛、道二教揄扬甚力。陶望龄在参禅方面追求的是"真参默识"，并对当时京城官场中以"攻禅逐僧"为风力名行很不以为然："吾辈虽不挂名弹章，实在逐中矣。一二同志皆相约携手而去。"陶龄在学术上受其兄影响颇深。他在三教思想上最著名的论断就是对儒、佛、道三教不作优劣判断，断定同为日月。在公安三袁中，长兄袁宗道嗜佛、道二氏最深。宗道认为，三教主人，门庭各异，本领是同，这就是学禅而后知儒。他的目的当然是"借禅以注儒"。袁宏道关于儒与老庄同异之论，实具儒、道合一因子："问：儒与老庄同异。答：儒家之学，顺人情；老庄之学，逆人情。然逆人情，正是顺处，故老庄尝曰因，曰自然。如不尚贤，使民不争。此语似逆而实因，思之可见。儒者顺人情，然有是非，有进退，却似革。夫革者，革其不同以归大同也。是亦因也。但俗儒不知，以因为革，故所之必务张皇。"而袁中道同样也是三教合一的信奉者。他认为："道不通于三教，非道也。学不通于三世，非学也。"竟陵派文人也主张三教合一。钟惺至年四十九时，始念人生不常，认为读书不读内典，如乞丐乞食一般，终非自己心得。而谭元春之论佛，也取其治化作用，肯定"佛所以辅帝王治天下之书也"。

在晚明倡导儒、佛、道合流的思潮中，李元阳与管志道是两位颇引人注目的人物。据载，李元阳颇究心释典，以参儒理。其学以佛入，以儒出。他主张儒、佛、道合一，认为："天地之间，惟此一道，初无儒、释、老庄之分也。"管志道的学术特点，就是希望以佛教西来之意，密证六经东鲁之矩,并收摄二氏。当然,他的思想仍以儒学为正宗,佛、道只是为儒所用,正如他自己所说:"愚尝谓儒者不透孔子一贯之心宗,不见乾元用九之天则,不可与护持如来正法。"焦竑堪称王门后学中最朴实的学者。他对各种学术兼收包容的胸怀,以及所独具的大文化观,无不证明其在明代学术史上的地位,显然与明初的宋濂有一脉相承之处。一方面,他不辟佛、道,断言释氏诸经"即孔孟之义疏也";而对道家,也不是采取简单的排斥,而是分门别类,以恢复道家的本来面目。另一方面,他又将儒、佛、道三教统一于"性命之理"。

在三教合流之风中,有一人值得引起注意。他通过向民间进行活动,将儒、佛、道合而为一,创立了独特的"三一教"。他就是林兆恩。在晚明,凡主张儒、佛、道合一者,都对他推崇备至。如管志道弟子顾大韶,就认为兆恩之学"以儒为表,以道为里,以释为归,故称三教也"。儒家文人、学者主张三教合一,很快得到释、道二教人士的回应。如释清上人就曾找到了很多儒、佛相同之处,诸如:儒曰"无极""太极",即佛所谓"万法归一""一归于何处";儒曰"读书不如静坐",即佛所谓"不立文字,直指明心见性成佛";儒曰"毋意毋必,毋固毋我",即佛所谓"真空绝相,事事无碍"。显然,这是儒、佛合流之论。这种认识的取得,与其阅读儒书有关。而在晚明,佛僧喜读儒书者亦不乏其例。如释戒征"喜读儒书,而词翰俱妙,有前人风"。

以儒为主,三家并立,既合流,又保持独立性,这是中国文化的基本结构。

在这段漫长的时间里,还出现了几位唯物主义哲学家和无神论者,著名的有东汉的王充(27—97年)和南朝的范缜(450—510年),他们的唯物主义和无神论思想是中华文化的宝贵财富。但是,在封建社会中,这只能是局部的文化现象。世界任何民族的古代文化,都是以唯心主义和宗教为主流的,唯物主义和无神论者只是极少数的思想家。

第四章 佛教的中国化与发展

唐代佛教的发展

中国社会经历了几百年的战乱与分裂,终于在589年被隋文帝杨坚所统一。杨坚建立了统一的隋王朝,并施行了很好的政策,使社会在一段时间平稳安定,不想他的儿子隋炀帝是少有的昏君,结果惹得天怒人怨,天下义军蜂起,隋朝就此灭亡。618年,唐朝建立。从唐太宗李世民开始,李唐王朝出现了几位有作为的好君主,使天下安定,中国社会得以恢复、繁荣,中国农业社会也出现了空前昌盛的景象,可以说,唐代是中国封建社会发展的黄金时代,也是佛教发展的旺盛阶段。

隋文帝和唐太宗都是有远见的政治家,他们比较清楚地看到佛教在社会安定方面所起的作用。隋文帝统一南北后,为支持佛教发展,下令在五岳名山各建寺院一座,并恢复以前被毁坏的寺院和佛像。唐太宗即位后,下令在全国交兵之处建立寺刹,并在京城设立译经院,吸引国内外名僧来译经,培养出了许多著名的佛教高僧和学者。唐三藏同鸠摩罗什等,是我国最杰出的佛经翻译家。著名的唐三藏取经的故事,就发生在这时。唐太宗后面的几位继承者也都支持佛教,使得佛教迅速发展起来,达到了鼎盛时期。

唐期时期,寺庙建造规模恢宏,遍及全国各地;僧尼人数大为膨胀,身份贯穿社会各阶层;译经事业发达,成果丰硕,译经的主译者已由外来高僧转为由本国高僧来担任;佛教宗派业已形成,佛教的本土化进程渐趋实现,佛教正由一种外来文化演变为本土文化。唐代佛教的蓬勃发展,由内到外都显示出与时代发展相契合的文化特征。

在佛教发展的无限生机背后,同时也存在诸多的隐患,诸如寺庙建造的无节制性,僧尼队伍芜杂无比,贵族利用度僧与国家抢夺税源,寺庙经济的过度发展,百姓竭财毁身以奉佛等问题,这在一定程度上造成了社会秩序的混乱,妨碍了国家机器的正常运转,危及到封建统治者的根本利益,同时亦不利于佛教中国化的正常推行。因而无论是从社会安定、国家发展的高度而言,还是从佛教自身发展的角度而言,都需要规范对佛教的管理,使其发展与社会、国家的发展保持相对的一致,这是唐代佛教发展或者说唐代佛教中国化的必然要求。

另外,佛、道、儒争夺名位的问题,一直是唐代社会舆论争执的焦点。道教作为唐朝统治者的国教,长期受其庇护;儒家作为统治者的治国理念,也备受重视。在这种情况下,佛教作为外来宗教,要想实现自我生存与发展,除了在思想上与儒合流、与道斗争之外,也不得不在组织形式、队伍建设、发展理念等方面加强管理与引导,使其规范化、本土化,并在此基础上扩大佛教自身的影响,壮大自身的力量,拓展其生存空间。

鉴于唐代佛教的蓬勃发展,佛教逐步获得统治阶层的广泛认可与接受,并在其庇护下获得更大的发展空间;同时,佛教在民间获得了更为广泛的传播,为更多的人民大众所接受,佛教有了更为深厚的社会基础和群众基础。因此佛教迅速发展,与社会稳定、国家发展密切联系在一起,这迫使唐代统治者在政策制定方面,必然要从国家管理的高度来酝酿制定,重视并加强对佛教的管理,达到统治者巩固政权的目的。

在这种情况下,统治者利用其手中的权力,通过下达诏敕以及广立戒律的形式,在制度层面上约束与限制佛教的盲目发展,对其进行积极而有效的管理与引导,祛除其发展过程中的不利因素,其目的在于协调佛教发展与国家机器的正常运转、人民基本的生息要求之间的矛盾,使佛教的发展在最大程度上符合统治者的根本利益,以满足封建统治者利用佛教维护其统治的根本要求。但就客观效果而言,这在一定程度上有助于实现佛教自我发展,加速佛教中国化的历史发展进程。

因此,唐代佛教的发展要合乎时代的要求,与社会、国家发展相一致,谋求更为广阔的生存空间,实现其本土化历程,其自身存在着加强规范管理的内在需求。唐代统治者基于借助佛教蓬勃发展巩固统治的需要,必然要从治国理政的高度出发,制定相应的佛教政策,采取一系列管理措施,加强对佛教的管理与引导。总之,唐代佛教合乎理性的发展需求与唐代统治者利用佛教满足其政治诉求的愿望在一定程度上达成了默契,这是唐代佛教管理得以推行的主因。

唐代中外文化交流十分兴盛。许多外国僧侣来我国传教、译经、学习。一些有志向的中国僧人也不辞艰辛游学印度。

唐代佛教发展兴盛还同社会阶级结构变化有关。从汉代开始,地主阶级中就有门第之别。一种是高门显贵,世代相承,世世代代有人做官甚至做高官,叫作士族。东汉时袁绍家族四世三公;东晋时谢氏家族,谢安、谢石、谢玄等,公卿将相屡出不断;王氏家族甚至比谢氏还显赫。另一种是普通地主,称为寒门,又叫庶族。士族看不起庶族,出身庶族的人即使当了大官,士族的人还是看不起。这种情况持续几百年,所谓"上品无寒门,下品无士族"。但是,这种情况在南北朝后期开始改变,农民起义重点打击士族,隋文帝抑制士族,隋末农民起义烧毁了这陈旧的结构。士族集团在政治上、经济上日趋没落。隋文帝首倡、唐代大兴的科举制度,使旧士族彻底没落。刘禹锡的诗"昔日王谢堂前燕,飞入寻常百姓家",讲的就是这种情况。大批士族知识分子为寻求精神上"超凡入圣"的自我解脱,为保持精神贵族的地位,转入了佛教。唐代的许多高僧,出身于旧的高门士族。旧士族没落和士族知识分子大批进入佛教,对于唐代佛学的兴盛发展起到了助推作用。

佛教在唐代甚至隆盛到过度的状态。中国社会不可能发展到宗教控制政治的程度,西方社会那种教皇加冕皇帝和国王的政治格局在中国不会出现,所以,当佛教发展到一定程度必会受到帝王的抑制。845年,唐武宗下令禁佛,拆毁寺院4600余所,拆毁其他佛教建筑4万余处,强迫僧尼还俗达260500人。兴隆的佛教受到打击。尽管发生这次事件,唐代佛教兴盛的总形势不会改变。

唐代佛教的兴盛表现在教徒众多、寺院林立,但这只是一方面,主要还在于佛教理论的发展。教徒可以失散,寺院可以倾颓,但是佛学一经创立,作为一种精神财富,将永世不灭。而且,任何一种宗教的兴盛都以其神学理论为基础,神学理论发达了,才能吸引大众,征服人心。宗教主要是一种精神生活,寺庙建得再华丽,也只是外在的东西,只有教理深刻、精微,才能使人的精神得到满足,使人的灵魂找到慰藉。唐代佛教的兴盛,其佛学达到中国文化史上发展的高峰。

理论发展体现在学派建立上面,如果没有学派,就是只引进、重述、宣传别人的思想,没有自己的观点,别人的观点无论怎样好,也是别人的,不是自己的,因而就不能成为一派。有了自己的观点,必然同原来的、别人的观点有区别,这区别可以是发展深化,也可以是批驳反对,这就可以自成一派。所谓学派,也就是形成自己有特色的思想观点而自成一说,别人就承认你是一个学派。唐代佛学的发展兴盛主要表现在形成了不同的佛学派别,使中国佛教结束了单纯引进的阶段,进入了佛教中国化、创立中国自己的佛学的新阶段。唐代的佛学大师们,本着儒、释、道三家合流的精神,创造了富有成果的中国佛学。比较著名的宗派有天台宗、唯识宗、华严宗、禅宗和三论宗、律宗、净土宗、密宗等,其中前四个派别在佛教史上影响最大。这些学派在南北朝时期就开始酝酿,到唐代获得了充分的发展。

天台宗发源于南北朝时期,盛行于唐代前期。其创始人智𫖮常住浙江天台山,因地得名。以《法华经》为主要教义,故也称法华宗。这是中国佛教最早创立的独立宗派,得到社会上下广泛的支持和信奉,对其他各派多有影响。9世纪初,日本僧人将此宗传到日本,后经发展,至今仍很兴旺。

天台宗把自己的起源追溯到古印度,认为是龙树、慧文、慧思、智𫖮、灌顶、智威、慧威、玄朗、湛然九祖相承,其中龙树是大乘佛教的创始人之一,是古印度人,其余八人都是中国人。虽然天台宗把自己的学统追溯得极远,但其实际创始人是智𫖮。

智𫖮(538—597年),南朝和隋朝时僧人,俗姓陈,字德安,世称智者大师,是中国天台宗的开宗祖师。他18岁出家,20岁就受具足戒。在佛教中,初入教受戒只是八戒或十戒等,只有取得正式僧尼资格,才会戒品具足,成为一名自觉的和尚。575年,智𫖮入天台山建草庵,沉思佛理。南陈和隋朝的帝王都曾请他讲经。他一生造大寺35处,度僧四千余,传业弟子32人,其中数人成为名僧。

天台宗的基本思想是"一念具三千"。一念是人心中的观念、念头。佛教是最重视人心的,认为世界如何,实则是发自人心

智𫖮像

的。同样的世界,为什么有的说这样,有的说那样,这不是因为世界,而是因为人心。人心不同,看世界得出的结论就不同。这是有一定道理的。从哲学方面说,认识是人的认识,世界到底怎么样,它自己不会说,人说它怎么样它就怎么样。每个人都不同,所以同一个世界却产生了许多种理论和说法。用哲学概念表达就是,认识是主观与客观之间的关系,对客观的判断离不开主观,主观自身的规定性必然表现在对客观的

判断之中。但是,这个道理不能讲过头,不能说世界本来无所谓,人说它如何就如何。人们虽然有各种说法,但是自有客观真理存在,凡是不符合世界本来面目的,都应该修改,重新去认识。天台宗的"一念具三千",把人心看作是根本的。所谓三千,即三千种世间。这里佛教的说法比较复杂。首先有十法界(即佛、菩萨、缘觉、声闻这四圣界与天、人、阿修罗、畜生、饿鬼、地狱这六凡界),又有三种世间(即五阴世间、众生世间、国土世间)。十法界之间互相具有,共百法界。十法界又各具有三种世间,成三十种世间。这样百法界就具有三千种世间。这三千种世界,都不过是在一念之中。可见,世界实则是在心中。这种观念同西方的基督教观念正好相反。基督教认为上帝是绝对真实的,人、人心都是渺小的。佛教认为,人心是根本的,人心之念就是世界本然之处。佛教是向内求,发掘人心,这是东方文化、中国文化的精神。

智顗进一步提出"三谛圆融"观点。一切事物都由因缘所生,没有固定不变的实体,所以是"空";但从另一方面看,又是形象生动,相貌俱在,这是"假";空与假是诸法(事物)一体的两个侧面,从全体看不应偏于任何一面,空即假,假即空,空假不二即是中。空、假、中同时具于一念,叫作"一念三千空、假、中"。空、假、中都是真实,叫作三谛。三即一,一即三,三一融通、无障无碍,这就叫作"三谛圆融"。

智顗认为佛教修持就是悟透这些道理,要修这"一念三千空、假、中"的"三谛圆融",认识到空叫"一切智",认识到假叫"道种智",认识到中叫"一切种智"。所以,"三谛圆融"也就是"三智圆融"。通过圆修三谛,达到顿断三惑,圆证三智。这时,人就可以悟透宇宙与人生的玄机。

智顗佛理的基本观念是人心,心即是法(事物),诸法(事物)即是心,心法一体。为了发现和保持本心,其奥秘或禅法在于"止观"。止就是停止,坐禅入定;观就是内省反观,观自己的内心。通过止观,做到"妄念不流",保持自己固有的真如佛性(本心),就达到了最高的精神境界,得到满足和解脱。

佛教只讲净化人心,从现实中向后退让。从哲学观点分析,天台宗把人心的作用说过了头,夸大了认识关系中的主观的一面,否定了客观事物本身的实在性,否定了客观真理。

唯识宗又称法相宗,它的这两个名字都来源于其学说。所谓识,即人心、意识,因人心有识的功能,所以心即识。唯识就是只承认人心的真实性,不许有心外的独立之境,唯有心也。所谓法,即事物,这个宗派侧重剖析一切事物的相对真实(相)和绝对真实(性),所以又称法相宗。

唯识宗的创始人是玄奘(602—664年),俗称三藏法师,又称唐僧,就是小说《西游记》中那个取经人的原型。俗家姓陈,洛州缑氏(今河南偃师缑氏镇)人,13岁出家,21岁受具足戒。629年,他从长安西行,历经艰辛到达印度,入寺修习佛经,不久声名传播。他游历印度境内数十国。645年,他返回长安,带回佛经共52筐,657部。唐皇李世民召见他,请他住长安弘福寺和大慈恩寺。玄奘译佛经、讲佛法,有弟子几千人。他是个爱国僧人,宁肯舍弃在印度的优越地位和名望,回到祖国。他的事迹为中国佛教史和对外文化交流的历史增加了光彩。

玄奘像

玄奘创立的唯识宗在论证方法上不同于天台宗,但是在突出主观精神这一点上却是相同的。唯识宗认为,人有八种认识能力,即八种识,眼、耳、鼻、舌、身、意六种之外,第七识叫"末那",第八识叫"阿赖耶"。八种识根据其主要特点,可分为三类。前六识是一类,其主要特点是起了区别、认识的作用,通过它们可以区别色、声、香、味、触和思想意识到的一切东西。这六识的活动比较具体,也比较强烈,主要任务是向它们所要认识的对象起追求作用。第二类即第七识,末那的含义大致可以说是人的自我意识,产生我痴、我见、我慢、我爱四大烦恼。第三类即第八识,此识最重要,又称为根本识。有了第八识,其他七个识才能分别起它们应起的作用。第八识有发号施令、主持一切的作用,所以称它为心。法相宗认为,八个识并不是认识外界事物,而是先分别由它们自己变现出它们所认识的对象(境),然后才起认识作用。八种识所认识的只是自己变现出来的东西,根本不存在人心之外的对象,"唯识无境",或者说"万法(事物)唯识"。

唯识宗认为,人的第八识即"阿赖耶",包藏着"种子",这种子从几个不同角度划分,都可以分为两类,其中一类是使人陷入苦海的原因,另一类是使人成佛的原因。人要通过累世修行,使陷入苦海一类的种子消失,使成佛一类的种子增加,最终达到真如佛性。

佛法之显教大致分为性宗与相宗二大部,而相宗即是唯识学或法相学,或二者和称为"法相唯识",然而"法相"与"唯识"是不一样的。如前所说,所有的瑜伽部,乃至小乘的大毗婆娑论、六足论,及介于大小乘之间的俱舍论,都可以说是属于广义的"法相"之学,故法相学含义较广,它可以包括一切大小乘的法相之学。至于"唯识",则是大乘的不共法,小乘法没有。因为唯识学所研析的众多"名相"也是属于法相所摄,故亦通称大乘唯识学为"法相宗",而"法相宗"一词便俨然成为唯识宗的代名词。实则,据理而言,"唯识"得以成为一宗之名,因为"唯识"一词之中有自宗的主张。但"法相"一词,则毫无特色、主张,且为多宗所共用,故实在不适合成为一宗之名。然以历代以来皆如此相传,故姑且随顺"传统"称之为"法相宗"或"相宗",但读者须知"法相"与"唯识"之别。

显教中的性宗,则是大略概括了一切显教中涉及"法性"或以参研

"法性"或"本性"为主的宗派,凡是禅宗、中观、三论、般若、乃至华严、天台等学,都可以说是研修"性宗"之学。在中国历代,性宗之学可以说是"独占"了整个"佛教市场";至于"相宗",则只有在唐初,受玄奘大师及其弟子窥基法师、普光法师等的传承并弘扬,昌盛一时,唐后即趋向式微,乏人问津。及至明末,恰逢有藕益大师、憨出大师、明昱法师等之研求提倡,才稍稍振兴;其后却又告式微。至于民初,又有一些佛学家,主要以白衣为首,大力倡导"法相唯识学",于是唯识学又再度引起大家研究的兴趣。但是这些唯识学者,他们研究唯识学的最初发心,是有鉴于禅宗在中国高度发展,而禅宗之末流则流于空疏、不精确、不确切,乃至不切实际之口头禅,因此欲提倡法相精确之唯识学,以纠正禅宗末流之弊。这等发心原无可厚非,然而却矫枉过正,只看到禅宗末流之弊,却不见禅宗正法之善,于是由本为救禅流之失,转而一心、全力地抨击所有禅宗,乃至广义的性宗,亦加以讥毁,这些学者的一些出家弟子或再传弟子,继承其志,发扬光大其说,大事"以相破性",这是由于对唯识之义多有误解及曲解所致。其实,所有的智者都知道,如来大法犹如"如来之一体"。而性相二宗,即犹如"如来之左右手",但是很多人不解其义,拿着如来的"左手打右手、右手打左手",再"以双手打头",这难道是如来说法之意?如来说种种法,莫非是要使众生执其所说之一部分法,而互相斗争,互相是非?这实在是大悖如来说法之旨。

唯识宗还提出了"五种姓说",认为有一种"无姓"者,不能说可以成佛,这与中国流行的"众生皆有佛性"的观念相抵触。

唯识宗在中国佛教中可谓最忠实于印度某一宗派的思想,玄奘本人和他的弟子严守从印度搬回来的教义,其治学态度是严谨的。但是,唯识宗没有更多地考虑适合中国国情,照搬了印度的东西。结果,由于玄奘的威信和声望,唯识宗虽风靡一时,但仅40年便衰落了。这是中国佛教派别中不成功的例子,它说明,引进外国文化一定要适合本国国情和本国文化。

成功的中国佛学——华严宗

华严宗以阐扬《华严经》而得名,创始人是法藏(643—712年)。他是唐代僧人,俗姓康,字贤首。他曾参加玄奘译场,后因见识不同而离开。他多年研究《华严经》,有独到见解,创立华严宗。他多次受唐朝君主的赞赏和支持,主持宣讲《华严经》。

华严宗也认为"心"是本原,尘相(事物)虚无,从心所生。事物没有真实性,不过是"因缘和合"的产物。就以皇宫的金狮子为例。金没有自己的本性,工匠把它造成狮子,它就成了狮子。金是因,工匠制造是缘,因缘和合,才有金狮子相。

华严宗把世界分为四法界,法是事物,界是分界、方面、境界,四法界是四种境界,或世界的四个方面,包括理法界、事法界、理事无碍法界和事事无碍法界。理法界是指清明纯净的本体世界,即心的精神体现,又称一真法界。事法界是指纷然杂陈的事物和现象世界,是一真法界即心的具体表现。这两个世界互相包容而无妨碍就是理事无碍法界。各种事物之间也都相互包容而无妨碍就叫事事无碍法界。这四法界不仅包含了宇宙万物及其关系,也是人们了解、认识世界的四个方面或四种精神境界。

把世界区分为理法界和事法界,犹如把世界区分为道和器,也相当于西方人把世界区分为理念界与现象界,这种区分是古代人的认识成果。古代人认识到现象和本质的差别,但是他们不能进一步把现象和本质辩证地统一起来,于是把两个世界分离开。西方人从两个世界得出基督教的天国与人间。华严宗在事法界之外确立了一个具有佛性的如来境界,是一个清净的真实本体界,这境界既在人心中,又是独立的万物本体。

在两个世界之间,现象世界依赖于本体世界,本体世界即存在于现象世界之中,如同波和水的关系一样,这叫作"理彻于事"。犹如金狮子,金是本体,就存在于金狮子之中,金狮子相可灭,但金却不灭。这种关于现象和本质关系的认识是很杰出的,比西方古代哲学要优越得多。

本体界与现象界相互依赖,理事无碍,所以人的宗教生活和世俗生活不是截然不容的。佛性存于人性之中,一旦觉悟,"自性清净圆明体"便显露出来了,所以不脱离世俗生活也可以成佛。彼岸世界即在世俗生活中,只要一觉悟,世俗生活就成了佛国。如同看金狮子,不必它坏了才说它是空的,它本来就是空的。有些人身享富贵荣华,在思想上把它看成空的,这便是菩萨心。这种看法深得上层人物欢迎。

为了论证事物世界的虚幻,华严宗借助于事事无碍法界。既然万事万物都是本体所显现出来的现象,是虚幻的,每一现象又包含本体,所以各种现象彼此也互相包容,"圆融无碍",没有差别和对立。这样一即一切,一切即一。例如金狮子,它的眼、耳、口、鼻都是金的,可以说眼即耳、耳即鼻、鼻即口。大东西可以容小东西,小东西也可以容大东西。草芥能容纳须弥山,毛孔可倾入河水。这就是事事无碍法界,这一境界的根本原因在于万物本体是一。这种境界打个比喻,犹如取多面镜子,八方上下都排好。面面相对,当中放一佛像,用火光一照,每面镜中不仅有对面镜中佛像的影子,而且容有对面镜中影子的影子,层层没有穷尽。认识到这种境界叫作"华严无尽藏",是万事万物的最高境界。

华严宗认为,事物是虚幻的,本体是真实的,本体存在于事物之中,所以事物无所谓差别。人心变了,事物就显出差别,人心一变,万物归一。事物之相,从心所生。一切法皆唯心观,无别自体。是故大小随心回转,即入无碍。

理事无碍和事事无碍的境界,为人提供了修持佛性的理论根据,从这种境界看,人与人之间一切争斗和差别,都是毫无意义的、虚幻的。大家相安无事,人心中自有佛,现实世界就成了佛国乐土。佛教不愧是反对斗争、稳定社会的精神工具。

华严宗是十分成功的宗派,这派佛学在吸收印度佛学的基础上,融汇中国文化观念,建立了独具特色的神学理论。它关于理事两个法界的观点,是很好的哲学思辨。这些思辨的内容,作为宝贵的思想财富,被宋明理学所吸收。朱熹的许多思想受华严宗影响很深,甚至有些论断就是华严宗命题的翻版。

华严宗的成功使它不仅长期兴旺,也影响着中国后来的哲学,而且还流传到日本和朝鲜。

中国佛学的杰作——禅宗

禅宗,又称宗门,中晚唐之后成为汉传佛教的主流,是中国佛教史上的一大改革,也是中国佛学的明珠和精华。

禅宗正统派的创始人是慧能,但他并不是最早的禅宗祖师。禅宗初祖是印度人菩提达摩,他是个僧人,属婆罗门种姓。他于南朝宋时航海到广州,后到北方传禅学。520年,他到嵩山少林寺,面壁而坐,终日默然,长达9年。他提倡的这种修行办法叫作壁观,使心安静得像墙壁一样坚定。据说他把这套禅学传给中国僧人慧可,以后传到第五代弘忍。从菩提达摩到弘忍的禅学,基本上是印度的东西,都讲禅定。所谓禅,梵语为禅那,意思是打坐静思,是印度各宗教共同的修行方法。除禅定外,还要读经。通过这些方法,断去情欲和烦恼,使本心显露出来。禅学相信,人生来就有清净心(即佛性),如同太阳一样,只是被乌云遮住,显露不出来,要通过禅定和读经恢复佛性。这种禅学注重长期不断地修炼,甚至是累世修行。

慧能(638—713年),俗姓卢,唐代岭南新州(今广东新兴县)人。幼年随父流放广东,父亡后随母移居南海,从小过着艰辛贫困的生活。24

岁时，得人资助，北上求学。661年，他谒见禅宗五祖弘忍，被接受作行者，在寺院从事打柴、推磨、担水等劳作。其时弘忍年事已高，欲传付衣钵，命众弟子作偈以阐发禅学。弘忍的大弟子叫神秀，作了一偈："身是菩提树，心如明镜台，时时勤拂拭，莫使惹尘埃。"弘忍以为他所作的偈未见本性，所以未传其衣钵。身为行者的慧能口诵一偈，并写在墙上："菩提本无树，明镜亦非台，本来无一物，何处惹尘埃。"弘忍一见，召慧能到堂内，为他讲授《金刚经》，并传给他衣钵。弘忍命慧能尽快离开，慧能南归广东。676年，慧能到广州法性寺。一次，印宗法师讲经之时，风吹动旗幡。一个僧人说，是风动，一个僧人说，是幡动。慧能说，不是风动，不是幡动，是仁者心动。印宗大师听罢竦然起敬，为他落发，受具足戒。后来，慧能成了禅宗的第六祖。

慧能像

弘忍以后，禅宗分为南北两派，北派以神秀为代表，南派以慧能为代表。神秀的北派受到朝廷王公贵族的支持，对南派进行了迫害。直到唐肃宗时，南派才得到支持。由于慧能的禅宗新学说和慧能的杰出弟子神会，南派被公认为禅宗正统，北派逐渐消失。慧能成为禅宗六祖，神会成为七祖。禅宗的形成史已经说明禅宗是中国的宗教。

慧能所创立的禅宗。与以前提倡长期修炼、坐禅读经大不相同。新禅宗不追求烦琐的宗教仪式，不讲累世修行和布施财物，不主张生硬地念经拜佛，不要求无创造地研究经典，甚至不讲坐禅，主张专靠精神的领悟去把握佛教的义理，提倡"顿悟"。所谓"顿悟"，是说凭自己的智慧"单刀直入"，马上悟出佛理，顿然而悟。用慧能的话说，叫作"一闻言下便悟，顿见真如本性"。在慧能看来，念经、拜佛、坐禅反而会妨碍领悟佛理。唐朝有个马祖禅师，最初看重坐禅，每日打坐，谁都不理睬。有一次，他的老师在他面前磨砖许久。他问老师磨砖干什么，老师说要将砖磨成镜子。马祖说，砖怎么能磨成镜子呢？老师说，坐禅怎么能成佛呢？这个故事充分说明了禅宗的态度。有的禅宗派和尚甚至把佛像劈了当柴烧，表示悟到"一切皆空"的真谛。少林寺是禅宗祖庭，有的文学作品说少林寺和尚讲"酒肉穿肠过，佛祖心中留"，对于其他派别，是不可能的，对于禅宗来说，并非仅是笑谈。禅宗是中国佛学的创造，是对佛教传统教义的大改革。

禅宗的主张受到普遍的欢迎，尤其受到广大下层民众的欢迎。慧能出身贫寒，一直处于僧侣下层。他不满意贵族上层在成佛问题上的特权。其他各派佛学，都讲布施财物。按照因果报应的理论，对寺院捐献的财物越多，积善就越多，成佛的可能性就越大。这样，越是上层越易成佛，穷人难以成佛。还有，其他各派都讲究研究经典，对佛经做烦琐的注释分析，这只有文化水平很高的人才能做到，一般民众难以奢望。慧能的"顿悟"理论，打破了上层贵族的垄断和特权，适应了唐代士族地主没落、庶族地主进入统治阶层的新形势，禅宗迅速发展起来，终于成为中国最流行的佛教宗派。

禅宗吸收了儒家和道家的思想，贴近现实生活，在现实生活中成佛。它不以外境为虚幻，也不以空为实有，而是主张心空、一切空，身处尘世之中，精神上却可以一尘不染。它主张人人都有佛性，佛性是人的本性，是人领悟佛教义理的良知良能。它不强调因果报应，而是主张"运水搬柴，无非妙道"。这些思想都是中国的观念，当然也适合禅宗在中国传播。

慧能"顿悟成佛"观点的理论基础是"本性是佛"。他认为人人都有成佛的本性。本来，人人都能成佛并不是他最早提出的。但是，慧能把佛性看成人的唯一本性，佛不是别的，就是人的本性。"佛向性中坐，莫向身外求"。慧能曾对弘忍说："人有南北，佛性无南北，我的身份和你不同,但佛性无差别。"这是鲜明的众生平等观念。既然佛性即人性,为什么又有佛与众生的区别呢?慧能认为,区别在于觉悟与不觉悟。"自性若悟,众生是佛;自性若迷,佛是众生"。佛不在遥远的彼岸,而是在人的心中,关键在于觉悟。如果自心不觉悟,即使终日念经、拜佛、坐禅、营建佛寺也是凡夫,毫无意义。慧能的禅宗把成佛看成是内求于心,是自己本性的顿悟,这是典型的中国观念,是儒家"良知良能"观念的宗教化。

慧能还认为,"顿悟成佛"在修养方法上要做到"无念",就是不受心外之物所迷。"无念"并不是不接触事物,而是指不受外物所影响。例如,眼睛见到美色,心不停留在上面,根本不必闭上眼,只要平常对待就可以了。若能做到无念,虽处于尘世中却无染无杂,来去自由,毫无滞碍,精神上得到解脱,这就是极乐世界,就是天堂。相反,心受外物影响,必生无限烦恼,则是地狱。此岸和彼岸、凡夫与佛的区别只在于一念之间。慧能为其弟子讲授佛理时,打了神会三下,问神会痛不痛。神会答道:又痛又不痛。慧能满意。因为,神会无论说痛还是不痛,都是受了外界影响,都对外界有所执著。神会对此反映是无所谓,深得禅学之妙。这是一种自由自在的境界。

慧能对"顿悟"做了进一步的阐述,一个人无论做了多大的坏事,只要念头一变就成了好人,此所谓"放下屠刀,立地成佛"。一念觉悟即是佛,佛不在天上,而在个人心中,不必出家为僧,也可以成佛。慧能的这些观点对社会影响极大,僧侣中出现了酒肉和尚,世俗中出现了一批在家的菩萨。

佛教强调主观精神,慧能把这一点发挥到极点。正像他在广州法性寺解释幡动时所说,万物所动皆缘于心动,人心若不动,万物皆静。心空,一切皆空。慧能的这些观点,对于宋明的心学产生了很大的影响。

除佛学外,唐代还产生了其他一些哲学思想,如韩愈、柳宗元、刘禹锡等人的思想,但是,这些思想都是支流。只有佛学才是唐代文化的主流。

　　由于佛学的发展,佛教不再只是少数信徒的事,世俗学者也要讨论佛学的理论,学习吸收其理论。鲁迅指出:"宋儒道貌岸然,而窃取禅师语录。"唐以后,理学先生谈禅,和尚也做诗,儒、释、道三教合流已成事实。

第五章 儒家哲学的最高发展

农业社会的衰落与中央集权的强化

唐代是中国封建社会的鼎盛时期。封建制是农业文明的最后一种制度,不仅封建制达到发展的顶点,而且整个农业文明也发展到了极限。正如老子所说,一种事物一旦达到其发展的极限,就开始走下坡路了。唐代前期所达到的空前兴盛的局面,在以后的封建社会中再也不会出现了。七八世纪之交,中华文明是世界上最光辉的文明。这时,欧洲蛮族入侵刚结束,新建立的国家连文字都没有,正处于所谓黑暗时代;阿拉伯半岛的游牧部落刚刚在伊斯兰教的旗帜下联合,还没有充分地发展起来。而此时中国封建社会早已成熟了。从战国时代开始的以铁犁和耕牛为代表的农业文明在唐代发展到了顶点。看一个社会,诗人看到的是激动人心的战争和令人眼花缭乱的政治变动,而哲学家看到的却是其最深层的基础——这个社会靠什么生产工具活着。所谓农业社会,就是以铁犁和耕牛为基础的社会,也包括用青铜器从事农业生产的较早的时期。唐代中国曾是世界上最灿烂的农业文明社会。文化像水一样,是流动的,流动的方向是从高处向低处流。盛唐时期,中国文化处于高位,吸引了世界各地数以万计的人们到中国来,而且许多人留在了中国,分享中国文明的成果,还有许多人到中国求学,把中国文化带回家乡去。中国文化流向四方,最突出的是流向日本、朝鲜和越南。

但是,中唐以后,中国文化停止了上升与发展,转为长达千年的停滞。在铁犁和耕牛的基础上,即在农业文明的范围内,文化的创造力已经大体发挥出来。后来,中国仍有许多具体的科学技术发明,例如活字印刷术等,但是,文化总体上处于停滞是基本趋势。统治者在这种形势下,主要是想方设法维护原有的秩序,没有开拓的欲望和热情。宋明两朝,是秦代以来中国版图最小的时代。国家虚弱,北方各民族轮流主宰中原,汉族统治者只图苟安,不思进取。千年停滞的最终结果是西方文明后来居上。汉民族的文化已经熟透了,热力发散完了,北方的几个少数民族几次入主中原,反而给中华大地带来一些活力。少数民族来了,吸收汉文化,被华夏文明同化,同时,他们也带来了东、北、西三面的广阔国土。有人说,广阔的国土是少数民族进入中原的嫁妆,这个说法很有意思。

960年,赵匡胤发动著名的"陈桥兵变",夺取政权,建立宋王朝。他总结历史,看到军阀割据是导致唐王朝覆灭和五代十国长期分裂动乱的根源,于是他制订了加强中央集权的政治策略。赵匡胤明白自己是怎样当上皇帝的,所以他下决心削掉那些有作为的大将的兵权。963年,一天,他召集一些亲密的将领宴会,乘醉说:"不靠你们的力量,我不会有今天。但作天子也很艰难,不如作节度使拥兵一方快乐。我整夜都睡不安稳。"石守信等大将说:"陛下怎么说这个话,现在天命已定,谁还敢有异心!"赵匡胤说:"你们虽没有异心,一旦部下把黄袍加在你们身上,想不干,能行么?"石守信等吓得涕泣叩头,第二天,大将们纷纷上表,请求辞职。赵匡胤把兵权掌握在中央政府手里,加强了中央的权力。这就是著名的"杯酒释兵权"。从此以后,中国历史上杜绝了汉、唐两朝那种军阀割据现象,加强了国家的统一。但是,这种作法也削弱了国家的军事力量。各地不再练兵,而中央的军队又容易腐化,遇有外敌,不堪一击。宋明的皇帝想的只是控制政权,不让将领们造反,将领们的雄才大略难以施展。尤其是明代,竟然荒谬地让太监作监军,对带兵将领加以监视。宋明皇帝的阴暗心理使得一些名将蒙冤,岳飞、于谦、袁崇焕等比比皆是。

没有热情发展,没有能力开拓,只想苟安守成;没有向外的愿望,没有御外的决心,只想控制权力,对内加以镇压。这是宋明王朝统治者们的基本心理状态。

加强中央权力,是政治措施,还需要文化措施,要把人们的思想束缚住,要建立一套让人们服从的理论。最适合的是儒家哲学。但不能是一千年前董仲舒阐发的那种儒学,要有新意,还要更完善。这种社会需要使儒家在宋明时代发展到最高峰,即宋明理学。

宋明理学一方面是儒家哲学的最高发展,它吸收了汉唐以来的佛、道两家的新思想,把中国哲学推向了一个新水平。另一方面,它又把儒家的传统伦理发展到极致,成为束缚人们行为和思想的一种文化工具。宋明理学适合统治者的心态,只讲仁义、忠孝、贞节,不思进取,只是在现有的宗法关系中编织一套说法,在小圈子里面打转。理学兴盛,国家却虚弱,国土缩小,社会停滞落后。到19世纪末,中国已经落后世界几百年。唐朝时,中国是先进的。那时的英国还没有形成统一的国家,还没有成型的英语。到明末,两国的位置颠倒过来。1640年,英国开始了资产阶级革命,社会步入近代。1644年,明王朝灭亡,李自成进北京,清兵入关。18世纪,英国开始工业革命,中国的清王朝刚进入稳定期。19世纪中叶,英国以近代工业国家的身份开始侵略和掠夺封建主义的落后的中国。当然,这一切不能完全归罪于宋明理学,但是,宋明理学作为没落的封建主义的思想工具是难辞其咎的。

宋明理学又称道学。道学的本义是从孔孟开始,儒家思想以贯之,其道不改,有个"道统",正宗的儒学即是道学。后来,因为理学是正宗儒学,所以人们又称理学为道学,两个名称同义。近代以来,人们又赋予道学以道德仁义的含义,例如,说一个人"假道学",不是说他儒学没研究好,而是说他嘴上讲仁义,行为却无耻。尤其是20世纪以来,理学、道学成了封建主义思想的代名词,是"以理杀人"的精神鸦片。这似乎又有些过了。全面、客观、公正地评价宋明理学,对于民族文化建设意义重大。

朱熹的客观唯心主义"理学"

理学分为两大派。理学的基本概念是"理",但什么是理呢?一派认为理在宇宙万物和人之先,是一种世界的客观的本原。另一派认为,心即是理,人的主观精神才是最根本的。后面这一派又叫作"心学",是理学的一个分支。前面一派是理学的主流。

理学有几位创始人,是著名的儒学大师,有周敦颐(1017—1073年)、张载(1020—1078年)、程颐(1033—1107年)程颢(1032－1085年)等。理学的集大成者和最主要的代表人物是朱熹,他创造了中国哲学史上最完备的儒家哲学的理论体系。他在儒家学派的历史上,影响仅次于孔子。他的《四书集注》一书,是明清两代科举取士的官方教材。

朱熹(1130—1200年),字元晦,晚年号晦庵,南宋徽州婺源(今属江西)人。19岁进士及第,曾任荆湖南路安抚使,仕至宝文阁待制。为政期间,申敕令,惩奸吏,治绩显赫。朱熹晚年曾受一部分当权者排斥,但他死后不久,又因其学说而被推崇和颂扬。朱熹的哲学不仅在明清两代是中国的官方思想,而且对日本和朝鲜产生了广泛影响。

朱熹哲学反映了两宋时期社会矛盾错综发展的时代特征。他生活在民族矛盾进入相对稳定,而农民与地主之间的阶级矛盾上升为主要矛盾的南宋时期,起义农民对"等贵贱、均贫富"的号召,不仅"人皆乐附而从之",而且"以为天理当然"。这说明当时的农民运动已从反对人身依附关系进入到争取财产平均、人身平等的新阶段。面对这一形势,朱熹尽管认为金与宋"有不共戴天之仇",反对"讲和之说",主张"合战、守之计以为一",但重点是"先安内而后攘外"。从此出发,他以儒家传统的政治伦理思想为支柱,发展了二程(程颐、程颢)的唯心主义理学,用"理一分殊"的"等级差别"观反对农民的均来思想,鼓吹"三纲之要,五常之本"是"人伦天理之到,无所逃于天地之间",为巩固封建统治提供新的理论依据。

朱熹哲学反映了两宋时期哲学认识曲折发展的理论水平。北宋以来儒、佛、道三教合流的发展过程中,唯心主义方面逐步向"理一元论"的体系发展,而以张载为代表的唯物主义则继承发展了"气一元论"的传统。他把"虚空即气"的自然观与"动非自外"的内因论结合起来,提出了"知太虚即气则无无"的光辉命题,从根本上动摇了唯心主义本体论于物质世界之外虚构精神本体(如玄学的"以无为本"、佛学的"以心法起灭天地"、周敦颐的"无极而太极"、邵雍的"象数生器"以及二程的"有理则有气"等)的理论基础。为了反对发展了的唯物主义思潮,朱熹一方面利用当时自然科学知识和唯物主义著作中的某些思想资料来充实自己的哲学体系;另一方面对于张载的"止是说气""觉得源头有未是处",在哲学基本问题上贯彻自己的唯心主义路线。从此出发,他继承并发展了周敦颐的"太极说"、邵雍的"象数学"、二程的"义理之学"和佛教华严宗的"理事说",建立了一个庞大的客观唯心主义理学体系,把唯心主义推进到一个新的高峰。

"理本气末"的唯心主义本体论

在反对佛教"虚无本体论"的争论中,二程认为"虚皆是理",张载认为"虚空即气"。在理气关系问题的争论日益尖锐的情况下,朱熹采取什么态度呢?

有时,朱熹所讲的"理"是"所以生万物之原理",所讲的"气"是"率理而铸型之质料"。因此,人与物的产生是"原理"和"质料"同时结合的结果。这种观点似乎是理气平行的二元论,表示他的哲学思想调和、动摇于二程的"理一元论"和张载的"气一元论"之间。

有时,朱熹所讲的"理"是事物的"条理",似指规律,所讲的"气"是

"形质",即物质,并提出"理气相依""理在气中"的观点,认为规律与物质互相依存,规律即寓于事物之中。这又似乎是理气统一的唯物主义,表示他的哲学思想对二程"理一元论"的否定,是对张载"气一元论"的发展。

朱熹究竟是二元论者,或唯物论者,还是客观唯心论者,这既要把握他的哲学思想的基本倾向,更要剖析他的哲学思想的认识根源。

一、"理要本""理为主"——对理气关系的唯心主义论证

朱熹哲学的最高概念是理。他说:"宇宙之间一理而已。天得之而为天,地得之而为地,而凡生于天地之间者,又各得之以为性;其张之为三纲,其纪之为五常,盖皆此理之流行,无所适而不在;若其消息盈虚,循环不已;则自未始有物之前,以至人消物尽之后,终则复始,始复有终,又未尝有顷刻之或停也"。这段话很好地代表了朱熹的基本思想。理是宇宙之源,是天之为天的道理,又是地之为地的道理,一个事物,之所以如此,也根据这个理。这理不仅是自然事物的原理,而且是人伦的原理,人与人之间的三纲(君为臣纲、父为子纲、夫为妻纲)、五常(仁、义、礼、智、信),也根源于理。理无所不在,无所不有,物和人皆可坏灭,而这理却永世长存,循环不息地存在于天地万物和人类之中。

朱熹哲学的显著特点不仅在"宇宙构成论"问题上大量引用张载"气化论"的思想资料来具体解释天地人物的形成发展,而且在本体论上有意识地回避、甚至拒绝对"理气孰为先后"这个基本问题作正面的、肯定的回答,而于"理气相依""理在气中"的形式命题下发挥他的"理是本""理为主"的客观唯心主义观点。

首先,朱熹哲学的最高范畴——"理"(或"无极""太极")究竟指的是什么?

张载"气一元论"的基本精神在于否认物质世界之外有所谓精神本体的存在,而任何唯心主义者都要通过不同方式、一百零一次、一千零一次地证明精神本体的存在。朱熹总结理论思辨经验,认为过去唯心主义在论证精神本体的问题上存在一些理论弱点:或者把精神本体简单地规定为"有"或某种"物事",使其"同于一物",不能成为"万化根本"的绝对体;或者把精神本体简单地规定为如玄学的"无"或佛教的"空",使其"沦于空寂",客观上会导致取消精神本体的危险。而以上这些规定都是要在形而下的现象界之外另立一个形而上的本体界,这又把形上和形下、本体和现象分成"两截",导致在理论上解释"万化一源"的困难。为了弥缝弱点,摆脱困境,朱熹对精神本体重新加工。

朱熹把理又叫作"太极"。他说:"以理言之,则不可谓之有;以物言之,则不可谓之无。""'无极而太极',正所谓无此形状,而有此道理。"理有分殊,太极也有分殊。宇宙有一太极,天地万物各有一太极。与过去不同,朱熹所讲的精神本体既不是简单的"有",也不是简单的"无",而是有无统一体。就其作为抽象的"道理"而言,因为它没有"物事"的外形,所以不能称之为"有",而应称之为"无";但就其作为观念的存在而言,因为它是"实有的道理",所以又不能称之为"无",而应称之为"有"。

但是相对说来,当朱熹说太极时,主要是指宇宙的根本的统一的理,当他说理时,主要是指具体的分殊的理。这样,太极就成为宇宙最高的理。太极存在于万物中,成为万物之中的理,这犹如"月印万川"一样。

仅有原理是产生不出事物的。比如做衣服,仅有衣服式样没有材料是不行的。要形成世界还要有物质性的东西。哲学不是宗教,不会主张世界是神从无中创造的,"无中不能生有"是古代哲学的基本观念。朱熹认为,世界还有一种原因,叫作"气"。气是有形的,气具有了理,就形成了事物。气与理相比,理是在先的,更重要的,理在气先。他说:"天地之间,有理有气。理也者,形而上之道也,生物之本也。气也者,形而下之器也,生物之具也。是以人物之生,必禀此理,然后有性,必禀此气,然后有形。"人和事物,要有两方面的来源,一方面是理,是无形的本性,另一方面是气,是有形的器具。这两方面不是平行的,理是本,是最重要的。

朱熹所以要把精神本体加工为"无形而有理"的纯逻辑存在,主要目的在于论证精神本体的绝对性和实在性。他说:"周子所以谓之'无极',正以其无方所、无形状,以为在无物之前,而未尝不立于有物之后;以为在阴阳之外,而未尝不行于阴阳之中;以为通贯全体,无乎不在,则又初无声臭影响之可言也。""不言'无极',则'太极'同于一物,而不可为万化之根;不言'太极',则'无极'沦于空寂,而不能为万物之根。"

要论证精神本体绝对性,不得不把它解释为"无此形状"的"无极",以免"同于一物";但既然"无此形状",又有"沦于空寂"的危险,于是又不得不把它解释为"有此道理"的"太极",用纯逻辑意义上的所谓"道理"来保证它的无乎不在。因此,说"有"说"无",都是"落在一边""说得死"了;只有说它是有无统一体,才"落在中间""说得活"。朱熹认为,经他这样一"说",精神本体就会既摆脱"物事"外形的局限性,又避免"沦于空寂"的危险性,而以纯逻辑、纯概念的形式,既存在于无物之前,又存在于有物之后,既潜藏于阴阳之外,又流行于阴阳之中,使其成为一个"无先无后,无内无外,通贯全体,无乎不在"的绝对体。这个绝对体就叫作"太极"或"理"。就其哲学涵义而论,貌似客观规律,实为精神本体。理是本,气、物则称之为末。他说:"二气五行,天之所以赋受万物而生之者也。自其末以缘本,则五行之异,本二气之实。二气之实,又本一理之极。是合万物而言为之,一太极而已也;自其本而之末,则一理之实,而万物分之以为体,故万物之中各有一太极。而小大之物,莫不各有一定之分也。"

这就是朱熹的宇宙生成论,作为精神本体的理,可以派生出二气五行万物,而万物又复归于理。这里体现出他"理本气末"的唯心主义思想。

其次,朱熹所谓"理气相依"的实质是什么?

如果他之所谓"理气相依"是平行的相依,他就是二元论者。如果他所谓"理气相依"是主从的相依,他就是唯心主义者。他说:"太极者,不离乎阴阳而为言,亦不杂乎阴阳而为言。""太极只有在阴阳之中,非能离阴阳也。然至论太极,则太极自是太极,阴阳自是阴阳。"可见,朱熹一方面固然强调"理气相依",一方面又特别强调"理气相离"。他之所以强调"理气相依",是因为只有"理气不杂乎气"才能保证理的绝对至上性。因此,他同时强调两者都是为了一个目的:论证理与气的关系是主从关系,而不是平行关系。他又说:"所谓理与气,此决是二物。但在物上看,则二物浑沦,不可分开,各在一处,然不害二物之各为一物也。若在理上看,则虽未有物,而已有物之理。然亦但有其理而已,未尝实有是物也。""如易有太极,是生两仪,则先从实理处说。若论其生则俱生,太极依旧在阴阳里。但言其次序,须有这实理,方始有阴阳也。其理则一。虽然自见(现)在事物而观之,则阴阳函太极;推原其本,则太极生阴阳。"

可见,所谓"理气相依",是"在物上看",即从宇宙构成论来看,每一个具体事物中理与气是互相依存的。所谓"理气相离",则是"在理上看",即从本体论来看,理与气又是互相分开,有所区别的。区别不仅在于理是气的派生者,而且在于理是气的支配者。他又说:"太极(理)犹人,动静(气)犹马。马所以载人,人所以乘马。马之一出一入,人亦与之一出一入。盖一动一静,而及极之妙未尝不在焉。此所谓所乘之机,无极、二(气)五(行)所以妙合而凝也。"

人的使命是乘马,马的义务是载人。一出一入,人马相依,但离不开人的鞭子。与此相似,理的使命是乘气,气的义务是载理。一动一静,理

哲/学/启/蒙　135

气相依,但都体现了理主动气从静的妙用。理与气诚然是"妙合"了,但其"妙"在于理为主而气为从,无论动静,而理之妙用未尝不在焉。因此,气之依理是"依傍",而理之依气不过是"挂搭""附著"而已。理气相依不是平行的相依,而是主从的相依。

再次,朱熹所谓"理在气中"的实质是什么?

如果他所谓"理在气中"是理"内在"于气中,他就是唯物主义者。如果他所谓"理在气中"是理"外在"于气中,他就是唯心主义者。关于"理在气中"的"在",他打了一个典型的比喻。他说:"理在气中,如一个明珠在水里。理在清底气中,如珠在那浊底水那面,外面更不见光明处。"理与气的关系如同明珠与水。理是如明珠一样的通体透明体,它掉在清水里固然内外"透底都明",它掉在浊水里也不过"外面更不见光明处"而已,内面仍然是光明的。因此,"明"是"明珠"的自性,不以水之清浊为转移。水清,其明不增加一分;水浊,其明也不减一分。不过体现在水中,其外表因清浊条件不同而有时明、有时不明而已。因此,水自是水,珠自是珠。气自是气,理自是理。珠在水中,是外在,不是内在。理在气中,也是外在,不是内在。这种理外在于气中的观点是与张载所讲的理为"气所固有"的观点根本对立的。

最后,朱熹提出"理气相依""理在气中"的观点,能否回避"理气孰为先后"这个基本问题?

答案是否定的。他说:"论天地之性,则专指理言。论气质之性,则以理与气杂而言之。未有此气,已有此性。气有不存,而性(即理)却常在。虽其方在气中,然气自是气,性自是性,亦不相夹杂。至论其遍体于物,无处不在,则又不论气之精粗,莫不有是理。"

"以本体言之,则有是理然后有是气;而理之所以行又必因气以为质也。"

朱熹解决理气关系问题是从唯心主义本体论的基础出发的,即所谓

"以本体言之"。"理"作为产生万物的本体分为"未发"和"已发"两个阶段。"未发"阶段是"未有此气,已有此理",因此,理先气后;"已发"阶段是"不论气之精粗,莫不有理",因此,理主气从;物质世界毁灭后则是"气有不存而性(理)即常在",因此,气灭理存。

总括起来,朱熹关于理气关系问题的全面表述是:"未有天地之先,毕竟也只是理。"这是一;"有此理,便有此天地。"这是二;"既有此理,便有此气;既有此气,便分阴阳,以此生许多物事。"这是三;"万一山河大地都陷了,毕竟理却只在这里。"这是四;"要之,理之一字不可以有无论。"这就是总结论。这个结论与张载的"唯气能一有无"的气不灭是根本对立的。

朱熹所达到的这些认识成果,在世界各民族古代哲学中有共同性,只是表达方式不同而已。在西方哲学中,也认为事物的构成有质料和形式两方面,这相当于气和理的分别,而且形式更根本,正如理在气先一样。

朱熹所说的理在气先,不要做简单的理解,不要理解为时间上先有理后有气,从时间上看,形成事物二者缺一不可。如果仅从时间上去理解,还不能算是哲学思维。这里的先后,是道理上的、逻辑上的。例如,我们说要成为祖国未来事业一个合格的继承者,首先要有好的思想品质,这里的首先,不是讲一个人先有思想,后有身体,而是强调思想的重要性。这种先后关系,是一种抽象的理论关系。

二、"理一分殊"——对一多关系的形而上学割裂

朱熹的客观唯心主义并非全都是胡说,在一定程度上他是看出了个别与一般之间的辩证关系的。

关于事物与理的关系,他说:"事事物物,皆有其理,事物可见,而其理难知。即事即物,便要见得此理。"具体的"事事物物"是个别,有"形迹",故"可见";而"事事物物"之"理"则是一般,无"形迹",故"难知"。可

见一般与个别有差异。但一般之"理"并不是离事离物,而是"即事即物",即寓存于个别之中,可见一般与个别又有联系。

关于器与道的关系,他又说:"指器为道,固不得;离器于道,亦不得。"既反对把一般之"道"与个别之"器"绝对地等同起来,又反对把两者绝对对立起来,而认为"即形器之本体,而离乎形器,则谓之道。就形器而言,则谓之器。"这种"道器相即相离"的关系,就是一般与个别既有联系又有差别的关系。

但是,理本气末的唯心主义哲学体系使朱熹只能以歪曲、颠倒的形式来曲折反映个别与一般的关系。他说:"论万物之一原,则理同而气异;观万物之异体,则气犹相近,而理绝不同也。""万物之异体"指的是事物的多样性。但事物之所以多样是由于"理绝不同";"万物之一原"是指事物的多样性的统一性。但事物之所以统一是由于"理同"。他又说:"天下之理未尝不一,而语其分则未尝不殊。""只是此一个理,万物分之以为体。""分得愈见不同,愈见得理大。"

由此可见,"理"是自为分殊又是自为统一的。由于"理之分",才有事物的多样性;由于"理之一",才有事物的统一性。因此,事物的多样性及其统一性最决定于"理","理"不是事物本身所固有的规律,不是"物质的一般",而是"万物分之以为体"的"抽象的一般"。这就把本来寓于个别,而且只能通过个别而存在的一般从个别中游离出来,使其成为凌驾于具体事物之上而又主宰事物变化的神化了的绝对。

由于他要以"理"为本体来解释"万物之一原",他又提出"万个是一个,一个是万个"的观点,认为"万个"事物之理全具"一个"本体之理。他举例说:"人物之生,天赋之以此理,未尝不同,但人物之来受自有异耳。如一江水,你将勺去取,只得一勺;将碗去取,只得一碗;至于一桶一缸,各自随器量不同,故理亦随以异。"

"源头"只是"一江水"这叫作"理一"。但由于容器不同,故水之体虽未变,而水之量则不同,这叫作"分殊"。在这里,"一江水"是"理";"勺""碗""桶""缸"是不同的"器";"勺里的水""碗里的水""桶里的水""缸里的水"是"物之理"。千差万别的"水"来源于"一江水",这就是万殊归于一理。"一江水"又变成千差万殊的"水",这就是一理化为万殊。这种理论是来源于佛教华严宗的"一多相摄",它通过"一即多,多即一"的论证,来否认事物的差别和矛盾。朱熹还用"月印万川"的比喻来说明"理一分殊"的含义,并且也不否认这种思想来自佛教。他说:"释氏云:'一月普现一切水(月),一切水月一月摄'。这是释氏也窥见得这些道理。"佛教和朱熹所用的共同手法,无非是把一般与个别完全等同起来,从而抹煞了事物之间的质的差异性和运动形式的多样性。朱熹这种渊源于华严宗的理事无碍说,典型地反映了貌似辩证法的形而上学的思想特征。

但是"聪明的"唯心主义者不是简单地离开"器量"的水来谈"源头"的水,离开个别来谈一般的绝对性,而是通过一般与个别的联系来谈一般的绝对性。

"或问题一分殊。曰:'圣人未尝言理一,多只言分殊。盖能于分殊中事事物物、头头项项理会得其当然,然后方知理本一贯。不知万殊各有一理,而徒言理一,不知理一在何处。圣人千言万语教人,学者终身从事,只是理会这个。要得事事物物、头头件件,各知其所当然;而得其所当然,只此便是理一矣。'"

于"分殊"中见"理一",并不是说一般内在于个别中,只不过是说一般"附着"于个别中。"徒言理一,不知理一在何处?"并不是说没有个别就没有一般,只不过是说没有个别,一般就"无所寄",即无处体理而已。在朱熹看来,一般的存在与否不决定于个别。有个别则一般的得"流行";无个别则一般仍然"敛藏";而个别之"理所当然",即"事事物物、头头件件"之所以如此差异又如此统一,则是被"当然"之"理"决定了的。

"当然"之"理"怎样决定事物的同异和变化呢?这就接触到动静关

系问题,从而提出了"理主动静"的唯心主义辩证法和"定位不易"的形而上学观。

"理主动静"的唯心主义辩证法

在"当然"之理如何决定事物的同异和变化的问题上,朱熹既吸取了周敦颐"太极说"和邵雍"象数学"中阴阳动静之理的唯心主义思辨内容,又扬弃了其宇宙图论的机械排列的形式;既吸取了二程"义理之学"中"无独必有对"等矛盾产生运动的积极因素,又尽理避免了"天只是以生为道"的主观唯心主义解释;既吸取了张载"气化论"中认为气"中涵浮沉升降动静相感之性,是生氤氲相荡胜负屈伸之始"等内因论的思想资料,又把这些思想资料根本颠倒过来,建立了"理主动静"和"定位不易"的矛盾思想体系。

一、"理生万物"的发展观

朱熹反对过去唯心主义者"理包万物"的形而上学观,提出了"理生万物"的辩证发展观。在解释《周易》卦象的形成问题时他说:

"始画卦时,只是个阴阳奇耦,一生两,两生四,四生八而已,方其为太极,未有两仪也,由太极而后生两仪。方其为两仪,未有四象也,由两仪而后四象。方其为四象,未有八卦也,由四象而后生八卦。此之谓坐。若以为包,则是未有太极,已先有两仪。未有两仪,已先有四象,未有四象,已先有八卦矣。"

朱熹认为,如果主张"理包万物",一方面势必在理论上承认万物的产生是一次安排好的,没有发展过程的。这就用简单的"一次决定论"削弱了"理"的积极活动的作用;另一方面,由于忽视了万物形成的阶段性,势必在理论上用万物的"已有"来混淆"理"的"先有",从而削弱了"理"的绝对至上性。只有"理生万物"的观点,才能一方面在本体论上用阶段论来区分万物的"后生"和"理"的"先有",一方面在生成论上用"理"的内部矛盾运动来解释万物产生的最后因,以便与张载的"气生万物"的唯物主义内因论对立。朱熹"理生万物"的观点虽是唯心主义的,但他认为"两仪""四象""八卦"是先后产生,这就通过他的"概念辩证法"曲折地反映了事物的产生有其发展过程的客观辩证法的某些因素。

然而,"理包万物"的观点虽然用简单的一次决定论削弱了"理生万物"的积极活动作用,但它的实质仍在于强调"物"是从"理"派生出来的。这一点恰是朱熹所要论证的;而要论证这一点,理论上势必承认"未有这事,先有这理""未有此物而此理已具"。这就又把逐步发生的辩证法思想因素窒息在先验的一次决定论的形而上学体系中。

二、"一生两"的矛盾观

朱熹还用"一生两"的矛盾观来论证"理生万物"的发展观,曲折地反映了"阴阳自我转化"的客观辩证法的某些因素。

他认为事物变化有两种形式。一种是"交易":"阳往交易阴,阴来交易阳,两边各各相对。"这只是一个不变的阳与一个不变的阴在外部相交,至于阳从何而来,阴从何而来的问题,还是没有回答,所以他说:"若只就一阴一阳,又不足以该众理。"另一种形式是"变易":"阳变阴,阴变阳。"阴阳二者各自向自己的对立面转化。他用"一生两"的两分法来解释转化的原因:"每个便生两个。就一个阳上,又生一个阳,一个阴。就一个阴上,又生一个阴,一个阳。"就是说,阳这个统一体存在着阳中含阴的矛盾,阴这个统一体中也存在着阴中含阳的矛盾,由此产生阴阳消长的矛盾运动。"阴阳只是一气。阳之退,便是阴之生,不是阳退了,又别有个阴生。""阳消一分,下面阴生一分,又不是讨个阴来,即是阳消处便是阴。"就是说,阳不消,阴不长;阳之消,就是阴之长。阴阳变化的原因应该从统一体内部的矛盾消长中去找,而不应从统一体的外部去找。

根据这一观点,他认为事物有两种矛盾依存关系。一种是把阴与阳分做"两个看"的外部感应关系,叫作"外感"。如:"分阴分阳,两仪立焉,便是局定底,天地上下四方是也。"这样看出来的世界只具有固定的、不变的外观。一种是把阴与阳统做"一个看"的内部感应关系,即从"一个阳"中看出一阳一阴的消长,从"一个阴"中看出一阴一阳的消长。这样看出来的世界就不是"局定底"阴阳两片,而是"流行底"阴阳二者的自我转化。所谓"一动一静,互为其根,便是流行底,寒署往来是也。"因此,"做一个看"是从"一"中看出"两",从统一中看出对立,从固定不变的外貌中看出消长着、流行着的内在矛盾运动。这种"一中有两"的观点正是用歪曲的形式发展了张载"一物两体"的矛盾观,用来论证他的"理生万物"论。

但是朱熹认为"一分为二,节节如此,以至于无穷,皆是一生两尔。"这就是把客观事物复杂的矛盾运动简单化、凝固化,用先天定位的形而上学框框扼杀了活生生的、多方面开展的客观辩证法。

三、"定位不易"的循环论

朱熹用"阴阳转化论"来论证理生万物论,还接触到发展过程中渐变与突变的关系问题。

利用张载的思想资料,朱熹把发展过程分为不明显的渐变("化")和明显的突变("变")两种形态,而认为突变是渐变"积累"的结果。例如,阴变为阳固然是一种突变,但"这一阳不是忽地生出。才立冬,便萌芽,下面有些气象,上面剥一分;下面便萌芽一分,上面剥二分,下面便萌芽二分;积累到那复处,方成一阳。"因此,他得出结论:"凡一气不顿进,一形不顿亏,亦不觉其成,不觉其亏,盖阴阳浸消浸盛。"他强调"浸消浸盛"的渐变在发展过程中的作用,主要是为了进一步克服"理包万物"的一次生成论的局限性,发挥"理生万物"的唯心主义发展观。他用"元、亨、利、贞"概括事物的一个发展过程:"元"是"万物之始","亨"是"万物之长","利"是"万物之遂","贞"是"万物之成"。他认为从"元"到"贞"是事物从萌芽、形成、发展到完成的过程。新事物的萌芽(元)是从旧事物的完成阶段(贞)开始的。所以他说:"元亨利贞无断处,贞了又元。"就是说,从旧事物转化为新事物,从旧过程发展到新过程,虽然是新旧联系的中断(断),但由于旧事物的完成(贞)中就有着新事物的萌芽(元),旧过程的结束阶段(贞)中就酝酿着新过程的开始(元),所以新旧之间又有着内在的联系(无断)。这就克服了邵雍把"贞元之间"(间断)绝对化、从而割断新旧联系的片面性。这种强调联系的观点在发展上有合理因素。

但是,在发展观上他又犯了另一种片面性:强调渐变而忽视了突变,强调新旧之间的联系而忽视了新旧之间的本质差异:"动静无端,阴阳无始,说道有,有无底在前,说道无,有有底在前,是循环物事。"在"定位不易"的前提下,这种永远没有开端、当然也永远没有结束的运动只能是周而复始的循环运动。它的实质和特点是以"常"为体,以"变"为用:"能常而后能变,能常而不已,反以能变;及其变也,常亦只在其中。"不变之"常"是绝对的,可变之"用"是相对的,是围绕着"常"的轴心来周期轮转的。什么是"常"呢?他说:

"君臣父子,定位不易,事之常也。"

"三纲五常,礼之大体,三代相继,皆因之而不能变。"

"纲常万年,磨灭不得。"

这样,由于唯心主义的理论需要适应封建统治的政治需要,朱熹在动静关系问题上以"理生万物"的发展观开始,而以"定位不易"的循环论告终。

"格物穷理"的唯心主义认识论

决定事物发展的"当然"之"理"如何认识呢?朱熹利用《大学》"格物致知"的古老命题,探讨了认识领域中的几个主要理论问题,发展了唯心主义的认识论。

一、"万理具于一心"

朱熹反对禅宗"即心是佛"的神秘证悟论和陆九渊"即心明理"的主观内省论,认为《大学》"不说穷理,却言格物。盖言理,则无可捉摸,物有时而离。言物,则理自在,自是离不得。"理"离不得"物","穷理"离不得"格物"。这种"即物而穷其理"的认识方法有唯物主义因素。

但是作为认识对象来讲,他所要穷究的"理"不是事物固有的客观规律,而是把自我意识对象化了的"无人身的理性",它"流行"于物中就成为"在物之理";它"流行"于心中就成为"在己之理"。在能所关系问题上,他把"在物之理"与"在己之理"时而"对置"起来,构成所谓客体与主体的对立,微弱地透露了一些"物中求理"的思想光辉;但又把"在物之理"与"在己之理""结合"起来,说什么"物之理都在我此理之中",构成所谓客体与主体的统一;而能所统一的基础则在于:"心包万理,万理具于一心。""所觉者,心之理也;能觉得,气之灵也。""所知觉者是理,理不离知觉,知觉不离理。"朱熹的错误在于把人心(认识的知觉器官)的可反映性与反映内容混淆起来,把外在事物之理说成是内心之理。这样,所知与能知、所觉与能觉不仅是"不离",而且所觉之"理"即是"心之理",所觉者即包含在能觉者之中,所以朱熹的"理学"与陆九渊的"心学"虽在认识方法上有很大的分歧,但归结到认识路线上则没有什么不可逾越的鸿沟。

二、"穷理"通过"格物"

既然"心包万理",那只要在心中去"涵养"那个"理"就够了,又何必要从物中去"穷理"呢?他认为心中先验的"已知之理"如果不通过"格物"来穷究,这个"已知之理"仍是"悬空底物";所以"自家虽有这道理,须是经历过方得。"而所谓"经历",就是"今日格一物,明日格一物。"格到一定程度,"则众物之表里精粗无不到,而吾心之全体大用无不明矣。"就是说,通过"格物",由于"经历"了"在物之理",使先验的"在己之理"得到印证。因此,认识过程就是通过"格物"使"在己之理"得到一个再"经历"、再"发现"、再认识的过程。

虽然朱熹的"格物致知"论在认识路线上是唯心主义的,但却抽象地接触到认识从感性到理性的深化问题。他说:"格物,是物物上穷其至理。致知,是吾心无所不知。格物是零细说,致知是全体说。""穷得一分之理,即我之知亦知得一分。……于物之理穷得愈多,则我之知愈广,其实只是一理,才明彼,即晓此。"

事物现象具有杂多的外貌,所以对于事物现象的认识是"零细"的认识,认识到事物本体就可以掌握到事物"全体"。这样,认识就有一个由此及彼、由表及里、由粗到精、由"零细"上升到"全体"的发展过程。这就通过从现象"发现"本体的形式,侧面地反映了从现象深入本质的认识过程。因此,朱熹的"格物致知"论不能简单地等同于神秘直觉的"顿悟论"。他的"一旦豁然贯通"含有认识飞跃的合理因素,而这个"一旦"的飞跃是在"用力之久"的格物基础上达到的。所以它的结果是"豁然贯通"的理解,而不是禅宗"念念不见"的"解脱"。但是朱熹提出由"积系"到"贯通"的认识过程,尽管含有认识飞跃的合理因素,由于他的主观认识有穷尽,所谓"穷究万理要极彻",要"至纤至悉,十分透彻,无有不尽。""到那贯通处,则才拈来便晓得,是为尽也。"对客观世界的真理,人们不管如何"贯通",是无法一次穷尽的,最终只能乞灵于"心包万理",陷入唯心主义。同时"穷尽论",也是认识的一次完成和停止论,是属于形而上学观点。

三、"力行"首在"致知"

从维护与巩固封建统治出发,朱熹研究了知行关系问题。他认为:"论先后,知为先。论轻重,行为重。"他所谓知,主要指的是关于封建伦理道德的认识。他所谓行,主要指的是关于封建伦理道德的实践。封建伦理道德的认识是指导封建伦理道德的"践履"的,所以知在行先。封建伦理道德的实践又是巩固、完成封建伦理的认识的,所以行比知晚。一方面,行对知的作用在于只有经过封建伦理道德的实践,认识到"子决定是合当孝,臣决定是合当忠。"即体会到封建伦理道德的"合理性"。又一方面,知对行的作用在于有了封建伦理道德原则的认识,才会遇到"亲"就"撞着孝这个道理",遇到"君"就"撞着忠这个道理","遇事触物,皆撞着这道理。"这样,人们的行为就因有了"知"的保证而不会越出封建伦理道德原则的范围。所以朱熹的"知行观"是封建伦理化了的唯心主义知行观。

正因如此,朱熹的"格物致知"的主要内容是:"读书以观圣贤之意,因圣贤之意,以观自然之理。"而书本上的"圣贤之意"则"说尽天下后世无穷无尽底事理。"以圣贤的先验之理为出发点和归宿点,朱熹采用了两推法:一个是从内推到外,将"所已知"之理推之于物,从其中"推寻""物之理"的"究竟",即把先验的原理原则强加在客观事物之上,此之谓"致知";等到"物之理"的"究竟"都"无不尽"了,然后又从外推到内,重新回到吾心中"所已知"之理,那这个已知之理经过主观搜集来的一些片断、侧面的材料的印证就"得其极"了,此之谓"知至"。所以,推开去的是"已知"之理,推回来的也是"已知"之理,今日格一物,明白格一物,格来格去,还是这个"已知"之理;除此以外,没有新的理:"或问:'知新之理?'曰:新是故中之事,故是旧时底,温起来以尊德性,然后就里面讨得新意,乃为道问学。"

朱熹的"温故知新",作为学习方法来讲,反映了认识的某些规律;但他的认识论是与他的宇宙观一致的,既然在世界上没有超乎"已具"之理的新事物出现,当然反映在认识论上也就没有超乎"已知"之理的新知识出现。整个世界是没有发展的,人的认识也是没有发展的。因此,"理生万物"论以"定位不易"的循环论告终,"格物致知"论以"温故知新"的先验论告终。

理欲对立的唯心史观

朱熹客观唯心主义"理主气从"的先验原则,具体运用到社会领域就表现为理气夹杂、理欲混战的尖锐矛盾。为了解决这一矛盾,他强调划清"天理人欲之辨",用"无所逃于天地之间"的封建伦理法则去主宰人心,统治一切。

一、"不和乃和"的封建等级观

北宋道学家虽用"皇极"(邵雍)、"太极"(周敦颐)的最高范畴来神化封建皇极,并宣称皇权统治下的"尊卑贵贱"是"天下之定理"(二程);但起义农民却把"等贵贱、均贫富"的理想尊为"当然"的"天理",而把"法分贵贱贫富"的封建"国典"宣布为理当推倒的"邪法"。为了重新论证封建伦理的"合当性",朱熹利用了传统的"气禀"说,认为气禀的"精粗""通塞"决定了人物之分;气禀的"昏明""清浊"决定了圣凡智愚之别;气禀的多少厚薄决定了贵贱贫富之秩。至于最初的气禀是由谁决定的,那只有天晓得:"天有那气生一个人出来,便有许多物随他来。"而"天"的意志实际上是禀受的"朝廷"的意志:"朝廷差人做官,便有许多物一齐趁将来。"在这里又实现了天人、理气的"妙合而凝";而为了论证气禀决定的等级差别具有合理性,则动用了"理一分殊"说:

"不可认是一理了,只滚做一看。这里各自有等级差别。"

"各得其利,便是和。若君处臣位,臣处君位,安得和乎?"

"尊卑大小,截然不可犯,似若不和之甚,然能使之各得其宜,则其和他,孰大于是!"

首先承认"尊卑大小,截然不可犯"的现实,然后对这个现实的"所以然"进行"推寻",终于"发现"了一条"磨灭不得"的"天理":"不利乃利""不宜乃宜""不和乃和";一句话:"不合理的乃是合理的"。这就是朱熹理学的实质。其理论渊源盖出于华严宗的"理事无碍"观,其思辨秘密在于用"无分限"之"理"来消解"有分限"之"事"的矛盾,于是一切差别都"无不圆足"地体现了"无边真理",以此为封建统治秩序祝福。

二、"革欲复理"的封建人性论

朱熹的人性论也是先前哲学的总结。先前哲学有"人性善""人性恶""性三品"等学说。朱熹认为,人是理与气的结合,有理,才懂得仁义礼智,孝悌忠信;有气,才能够言语动作。所以,人性也有两方面,一方面是天命之性,一方面是气质之性。天命之性是理在人身上的体现,仁义礼智,是人的本性。当理同人所禀受的气相合,就成为人的气质之性,气有清浊,所以气质之性是善与不善相杂的。因为人有气质之性,所以人既可以是善,又可以是恶的。这样,心在人这里也分为两种,一种道心,是人的天命之性的心,同天理一致,另一种是人心,是人的气质之性的心,包含性欲。人身上道心与人心,天理与人欲同时存在。人心包含人欲,但不等于人欲,正如人的气质之性有善有恶一样,人心也是有善有恶的。正因为人心有善有恶,所以要存天理,去人欲,让人心成为道心。人应该使自己的道心发扬,明天理,不要因人欲而迷失天命之性。所以,"饿死事小,失节事极大"的说法是对的。朱熹的这些说法已经走到极力维护封建伦理的立场上去。

在自然观中,理主气从、理气相依,理的主宰妙用比较容易"发育流行";而在人性论领域中,"气"表现为能"凝结造作"有"情意计度"的人欲,而且混杂在"人心"中,虽圣人也不能免。这样一来,"气虽是理之所生,然既生出,则理管它不得!"

朱熹论证了两点:

一点是"革欲复理"的必要性。他认为人性有两重性。一是"仁义礼智"的"天命之性",这是"天理",即孟轲所谓"善";一是"饮食男女"的"气质之性",这是"人欲",即荀况所谓的"恶"。这两者不能和平共处:"人只有个天理人欲,此胜则彼退,彼胜则此退,无中立不进退之理。"在这种情况下,"一事不到,则天理便隔绝于一事之下;一刻不贯,则天理便隔绝于一刻之中。"因此,他否认"天理"可以自发"扩充"的可能性,而强调只有"革尽人欲",才能"复尽天理"的必要性。

一点是"革欲复理"的可能性。朱熹认为:"性者,心之理,情者,性之动,心者,性情之主。""心"对于理性、情感欲望是具有能动性的。如果从耳目之欲出发,就是"人心";如果从"仁义礼智"等"天理"出发,就是"道心"。由于"人莫不有是形,故虽上智不能无人心;亦莫不有是性,故虽下愚不能无道心。"这样,每个人的心里都关着两个灵魂,都存在着善恶转化的两重性。如果把"窒欲""主敬"的"涵养"工夫与"格物致知"的"穷理"工夫结合起来,就可以使越来越"危"的"人心"由"危"转"安",越来越"微"的"道心"由"微"转"著",终于使"道心常为一身之主,而人心每听命焉。"这就使"理主气从"的先验原则经过理气夹杂、理欲混战的曲折过程,终于在"道心为主,人心听命"的封建从化理道德实践中得到了实现。

三、"尊王贱霸"的退化历史观

"理欲之辨"运用到历史观就是"王霸之辨"。朱熹认为夏商周三代帝王的心中都是"天理流行",社会上的一切现象都是"光明"的,是"王道"盛世,三代以后帝王的心中"未免乎利欲之私",社会上的一切现象都是"黑暗"的,是"霸道"衰世。他哀叹:由于"王道"失传,"道统"断线,"两千年之间,有眼皆盲",人们都在"利欲胶漆盆中"滚来滚去,越陷越深。但"王道"虽然失传,而它作为先验的原则仍然是"敛藏"着的;如要使其"发用""流行",则要抓到"大根本""切要处"。"所谓大根本者,固无出于人主之心术;而所谓切要处者,则必大本既立然后可推而见也。"这种把帝王心术好坏作为历史发展"根本"动力,并把历史拉回到所谓"王道盛世"的观点是一种唯心主义倒退历史观,与他的"循环物事"的发展观和"温故知新"的认识论,在理论观点上是完全一致的。

朱熹自称,他的哲学是"常谈之中自有妙理,死法之中自有活法。"就是说,他的学说能够赋予古老陈旧的儒学政治伦理思想以唯心主义的"妙理",从而就能使腐朽动摇的封建"死法"重新成为"活法"。"常"中显"妙",变"死"为"活","中庸"中自有"高明",现实的就是"合理"的。这就是朱熹客观唯心主义哲学之所以成为南宋以后封建正宗统治思想的重要原因。清帝康熙评论他的思想地位是"集大成而绪千百年绝传之学，开愚蒙而立亿万世一定之规。"由于他的学说把伦理化了的天理、哲学化了的伦理、唯心主义化了的"格物致知"论以及形而上学化了的"理主动静"论精巧地结合起来，更能适应封建思想统治的需要；但是不可否认，他的唯心主义的、形而上学的哲学体系中也容纳，甚至发展了一些唯物主义的、辩证法的思想因素；他在理与气、道与气、一与多、动与静、格物与致知、天理与人欲等问题上提供了一些可供批判、改造、汲取的思想资料。可以说他的哲学是从张载哲学到王夫之哲学的发展圆圈中一个必不可少的中间环节，在后期封建社会哲学认识发展史上有着不可忽视的重要地位。

朱熹哲学的基础是关于宇宙的理和太极的形而上观念，但是，理和太极在他这里不仅是个纯客观的实在，而且又具有伦理特性。太极不仅是真的，同时又是善的。所以，三纲五常等伦理不是人为的，而是太极的内容，是天理。这使得封建伦理具有了神圣性，获得了最可靠的根据。

朱熹哲学继承和发展了孔孟以来的儒家思想，又吸收了佛教老的观点，是中国古代哲学的集大成者。他的"明天理，去人欲"的观点，适应了封建社会后期统治阶级控制社会的需要，被采纳为官方哲学。从南宋到清末的近七百年中，朱熹在中国思想史上占有不可动摇的地位。

陆九渊的主观唯心主义"心学"

"心学"和"理学"是我国封建社会后期唯心主义内部的两个哲学派别。陆九渊是宋明时期"心学"的开创者。他把儒家思孟学派和佛教禅宗的思想糅合在一起，又接受程颢"天"即"理"、"天"即是"心"的思想影响，提出了"心即理""宇宙便是吾心，吾心即是宇宙"的主观唯心主义思想体系。南宋时期，陆九渊的"心学"与朱熹的"理学"曾在学术上进行过激烈的争论，是当时很有影响的学派之一。明代王守仁又继承陆九渊的思想，把"心学"发展到更加完备的阶段。

陆九渊(1139－1193年)号象山，字子静，书斋名"存"，世人称存斋先生，因其曾在贵溪龙虎山建茅舍聚徒讲学，因其山形如象，自号象山翁，世称象山先生、陆象山。汉族，江西省金溪陆坊青田村人，是著名的理学家和教育家，与当时著名的理学家朱熹齐名，史称"朱陆"。是宋明两代主观唯心主义——"心学"的开山祖。明代王阳明发展其学说，成为中国哲学史上著名的"陆王学派"，对近代中国理学产生深远影响。被后人称为"陆子"。

陆九渊像

陆九渊与朱熹思想有分歧，曾经多次辩论，1175年，当时一位史学家昌祖谦约朱熹、陆九渊等数人在信州的鹅湖寺集会，讨论学术问题，展开辩论，这是著名的"鹅湖之会"。他们主要讨论治学方法。朱熹主张必须博览群书，通过多读书来达到对于理的认识；陆九渊则认为心就是理，不必多做读书穷理的功夫，只要发现人的本心就可以了。两个人关于理的争论很类似佛学中禅宗与其他宗派的争论，区别在于佛教修的是佛性，理学求的是天理。陆九渊主张一种"简易直截"的方法，不必多向外求，只要"保吾心之良"，就可以达到理。

"心即理"的主观唯心主义宇宙观

事物的多样性及其统一性的问题是宋明哲学家在本体论上感到非常困惑的难题。朱熹沿用"理一分殊"说固然很容易地从"事事物物"中抽象出一般之"理"；但当他把一般之"理"返回到"事事物物"中去时，却在理论上碰到了难于弥缝的困难：既"无方所形状"、又"无情意计度"的"理"为什么能够"生物"呢？他不得不求救于唯物主义者惯用的"气禀"

说,承认"气"具有"生物之具"的助手作用;但这个助手却是"能凝结造作"的"材料",不大听使唤:"气虽是理所生,然既生出,则理管它不得!"本是为了请"气"来当助手,却引来了与"理"为难的对手。这样一来,为了解决"理生物"的难题,首先还得解决"理主气"的难题:一方面,"理主气从";另一方面,"气强理弱"。这就是朱熹客观唯心主义"理学"的内在矛盾。这一内在矛盾的逻辑开展势必导致在本体论上回避、摆脱因引进物质性的"气"而带来的在理气关系问题上迂回论证的理论赘疣,而不得不把从物质中游离出来而被神秘化、绝对化的"理"重新加以解释和安排;或者把朱熹唯心化了的"物外之理"还原为物质本身所固有的客观规律,这就是陈亮、叶适所谓"理在物中""理在事中"的唯物主义;或者把朱熹"客观化"了的"心外之理"回归为自我意识所变现的主观法则,这就是陆九渊所谓"满心而发""无非此理"的主观唯心主义。

陆九渊怎样克服朱熹哲学的内在矛盾并以"心一元论"来代替朱熹的"理一元论"呢?

一、化气为理

对待二程的"理一元论"与张载的"气一元论",一方面,在本体论("论本原")上主张"有理然后有气";另一方面,在生成论("论禀赋")上又主张"先有气而后理随以具";甚至认为"有是气则有是理,无是气则无是理,是气多则是理多,是气少则是理少。"这就翻筋斗式地接近了唯物主义,甚至部分地变成了唯物主义,而与其唯心主义"理学"体系发生了矛盾。

陆九渊感到朱熹的理气之说不利于把唯心主义坚持到底,便企图把理气关系问题抛开而代之以心物关系问题和心理关系问题。为此,最要害的便是如何安排"理"的对手——"气"。朱熹把"理"看作"形而上之道",把"气"看作"形而下之器"。这种"以一阴一阳为'器',而谓不得'道'"的观点,把理与气、道与器截然划分为二,自身存在着顾此失彼的矛盾:一方面,承认理外之气、道外之器,就在理或道之外树立对立面,从而为自己制造了理如何主宰气、道如何统一器的难题;另一方面,承认气外之理、器外之道,则理或道就成了个"无物之前,阴阳之外,不属有无,不落方体,迥出常情,超出方外"的怪物,而要把这个怪物"安顿"到"有物之后""阴阳之中",就因存在着"方外方内""形上形下"的距离,无法说得"直接明白"。所以"理气不离不杂""道器相即相离"之说,朱熹自认为是"说得活"的"妙理",在陆九渊看来却是说不通的难题。为了解决这个难题,他不是像朱熹那样把气简单地引进来(因为这样就得让气发挥作用,喧宾夺主、从而动摇理的支配地位),而是化气为理,把气消解掉。他引证《易传》资料,如:"一阴一阳之谓道""立天之道,曰阴与阳;立地之道,曰柔与刚;立人之道,曰仁与义"。"《易》之为书也,广大悉备,有天道焉,有人道焉,有地道焉。"对阴阳范畴重新加工,认为:"一阴一阳即是形而上者"、"《易》之为道,一阴一阳而已。"并把"道"与"器"、"理"与"气"看成浑然一体:"自形而上者言之谓之道,自形而下者言之谓之器。天地亦是器,其生覆形载必有理。"这样,"形而下之器"就消解为"形而上之道",具有物质性的气就变质为具有精神性的理,原来朱熹只是在本体论上反对"止是说气"而不言"理",经过陆九渊主观唯心主义的消化就根本不谈而代之以"理"了。

二、以数释理

化气为理,只回避了理气关系这个难题,还解决不了理如何和生物这个更大的难题。于是陆九渊乞灵于象数学,但他克服了邵雍"加一倍法"那种"法密而不理透"的局限性,而把数的和谐体系琢磨得更精巧圆滑。他认为数有奇偶,偶数"齐",奇数"不齐"。"唯不齐而后有变,故主变者奇也。"这个观点从奇偶关系上概括了矛盾发展不平衡引起变化的某些现象,有其合理性。在奇数中,"一者数之始,未可以言变。"这个"一"同邵雍的"太极不动"一样,是一个不生育的处女,但它"发则神",一经发作,按照数的逻辑体系就神妙莫测,产生万有。根据"有一必有二"的原理,"有一物,必有上下,有左右,有前后,有首尾,有背面,有内外,有表里。"这就从一到二、从奇到偶,从不齐到齐,有了从简单到复杂的契机。再根据"有上下、左右、首尾、前后、表里则必有中"的原理来推演,"中与两端则为三矣。""三"是个伟大的数字:"天地人为三才,日月星为三辰、卦三画而成,鼎三足而立。""三"又发挥神奇的作用:二三相加成"五",于是"天有五行、地有五方。"二五相加成"十",其中"一、三、五、七、九为天数",主生,叫"生数";"二、四、六、八、十为地数",主成,叫"成数"。五个"生数"和五个"成数"错综配合起来就变化无穷了。所以,"三者变之始","五者变之终","参五以变,而天下之数不能外乎此矣。""自一而三,自三而五,而其变不胜穷矣。""一"是什么?是"数之始";"数"又是什么?"数即理也。"人不明理,如何明数。这样,在陆九渊的哲学体系中,不仅把物质之气消解得无影无踪,而且把变化之数熔铸得与理一模一样。理的对手消除了,又重新找来了一个助手——数。

三、容理于心

用变化之数来解释绝对之理,就摆脱了"气强理弱"的束缚而使理成为世界的主宰了。

"塞宇宙,一理耳。……此理之大,岂有限量?程明道所谓'有憾于天地',则大于天地者也,谓此理也。"

"此理在宇宙间,未尝有所隐遁。天地之所以为天地者,顺此理而无私焉耳。人与天地并立而为三极,安得自私而不顺此理哉?"

理之大无"限量",说明理的普遍性;一切"顺此理",说明理的主宰性;"顺此理而无私",说明理的"客观性"。这个"理",与朱熹所谓"无人物彼此之间,死生古今之别"即超越客观物质世界之上、主宰自然和社会的绝对精神,是完全一致的;分歧在于心与理的关系问题上,朱熹还把自我意识(心)与对象化了的自我意识(理)加以区别,承认在心外还有个所谓"公共道理";陆九渊则容理于心,认为"心即理"。他说:"人皆有是心,心皆具是理,心即理也。""心,一心也;理,一理也。至当归,精义无二。此心此理,实不容有二。"

宇宙万物只有一个理,人只有一个心。这明明不一,为什么"归一"?明明有二,为什么"无二"呢?陆九渊的论据是"人皆有是心,心皆具有理。"这多少涉及到反映者(心)与被反映者(理)的关系问题。心的确能反映理,理的确能以概念的形式储存(具)于心中;但"心具理"只是把理反映、储存于心中,主客关系是不容混淆的,因此"心即理"的论断是荒唐的;但荒唐的论断来自对认识能动性的吹胀、夸大:

"'道'(理)未有外乎其心者。自'可欲之善'至于'大而化之之圣,圣而不可知之神',皆吾心也。心之所为,犹之能生之物得黄钟大吕之气,能养之至于必达,使瓦石有所不能压,重屋有所不能蔽,则自'有诸己'至于'大而化之'者,敬其本也。"

"人心非血气,非形体,广大无际,变通无方。倏焉而视,倏焉而听,倏焉而言,又倏焉而动;倏焉而至千里外,又倏焉而穷九霄之上。'不疾而束,不行而至',非神乎,不'与天地同'乎?"

上引陆九渊及其学生杨慈湖对于心的描述都是看到了认识的能动性。的确人是具有欲求和思维能力的高级动物,能通过视、听、言、动来认识外界以实现预期要求。当认识到事物规律后更可能远观千里之外,九霄高穹之上。因此,在主客关系问题上,"心之所为"的能动作用是应该强调的。但是他们把这种作用片面地吹胀、夸大为"广大无际,变通无方",就使主观唯心主义有了寄生之根,从而得出一些荒唐结论:

"天下有不易之理,是理有不穷之变。诚得其理,则变之不穷者,皆理之不易者也。理之所在,固不外乎人(心)也。"理不在物而在人(心)。这就是王守仁概括的"心外无理。"

"万物森然于方寸之间,满心而发,充塞宇宙,无非此理。"方寸之心,收敛时可以容摄"森然"的万物,发动时又可以充塞无限的宇宙。这就是王守仁概括的"心外无物。"

"皇极之建,彝伦之叙,反是则非,终古不易。是极是彝,根乎人心而塞乎天地。"不仅心外之物和在物之理如此,就连社会伦理等等都可以在"人心"找到根子。

这样,使陆九渊长期困惑的"天地何所穷际"的问题,通过主客关系(即心理、心物关系)问题上对认识能动性的夸大,就得到主观唯心主义的解决:一方面,宇宙是无限的,"人与天地万物皆在无穷之中者也",是有限的;另一方面,圣人之心又是能够掌握没有"限量"之量的。理无限,心也无限。因此:

"心,只是一个心。某之心,吾友之心,上而千百载圣贤之心,下而千百载复有一圣贤,其心亦如此。心之体甚大,若能尽我之心,便与天同。"

"东海有圣人出焉,此心同也,此理同也。西海有圣人出焉,此心同也,此理同也。南海、北海有圣人也焉,此心同也,此理同也。千百世之上至千百世之下,有圣人出焉,此心此理亦莫不同也。"

"某之心""吾友之心",乃至东西南北、上下古今的圣人之心,就其能认识事物之理的能动性来讲,都只是"一个心"。这就是心所共有的具有思维能力的特点。正是抓住这个特点才以一心通万理、以一理通万物,从而得出了"宇宙内事乃已分内事,已分内事乃宇宙内事","宇宙便是吾心,吾心即是宇宙"的天人合一论,把朱熹以理为本的客观唯心主义发展到以心为本的主观唯心主义。

"切己自反"的先验主义认识论

从"心即理"、"万物森然于方寸之间"这个基本前提出发,在认识论上陆九渊提出了一条主观唯心主义先验论的路线。

一、"发明本心"

他认为"本心"就是真理,认识的源泉就是"吾之本心",认识的目的在于"发明本心"。他一再强调：

"此心此理，我固有之，所谓'万物皆备于我'昔之圣贤先得我心之所同然者耳。"

"汝耳自聪，目自明，事父自能孝，事兄自难弟，本无欠阙，不必他求，在自立而已。"

就是说，我的"心"本来就是完美无缺的，要了解事物的真面目并不需要向外去探求，做学问的道理就在于到自己心中去求得知识。当他的学生问"先生之学当来自何处入"时，他回答说："不过切己自反，改过迁善。"即反省内求，去掉不善，发明本心固有之善。这就是陆九渊认识论的基本内容。这种"向内用功夫""发明本心"的说教，正是把"心"作为认识的泉源和目的的唯心主义先验论。

如何才能达到"切己自反""发明本心"的目的呢？陆九渊认为有一条"简易""直捷"的认识途径，他称之为"易简功夫"。所谓"易简功夫"就是要"先立乎其大者"。他说：

"近有议吾者云：'除了先立乎其大者一句，全无伎俩人？'吾闻之曰：'诚然。'"

"先立乎其大者"就是首先要确信自己尽善的"本心"，即肯定吾心即是真理。他认为如果不先明内心之善，而从具体事物上着手去寻找知识，就如同"铢铢而称，至石必谬；寸寸而度，至丈必差。"越仔细，反而差错越大。只有"石称丈量，径而寡失。"既直接简易，又养活差错。这种强调先明大体，不必在小事上"急于辨析"的观点，在认识论上有其合理因素；但所谓"石称丈量"并不是真正用客观的标准器（"石"和"丈"）来衡量轻重长短，而是暗指用主观的"心"来衡量是非：

"四明杨敬仲，时主富阳簿，摄事临安府中，始承教于先生。及反富阳，三月二十一日，先生过之，问'如何是本心？'先生曰：'恻隐，仁之端也。羞恶，义之端也。辞让，礼之端也。是非，智之端也。此即是本心。'

对曰：'简（即杨敬仲）儿时已晓得，毕竟如何是本心？'凡数问，先生终不易其说，敬仲亦未省。偶有鬻扇者讼至于庭，敬仲断其曲直讫，又问如初。先生曰：'闻适来断扇讼，是者知其为是，非者知其为非，此即敬仲本心。'敬仲大觉，始北面纳弟子礼。故敬仲每云：'简发本心之问，先生举日扇论非答，简忽省此心之无始末，忽省此心之无所不通。'先生尝语人曰：'敬仲可谓一日千里。'"

判断"扇讼"，不必调查案情，只要根据断讼者的"心"就够了。因为"是者知其为是，非者知其为非"是断讼者的"本心"；"本心"是"无始末""无所不通"的。"本心"一通，案情也就"通"了。既然认识的正确与否完全以"本心"为标准，那么所谓认识就不是通过实践来认识"物理"，而是神秘主义的反观内省、顿悟本心了：

"他日侍坐，无所问。先生谓曰：'学者能常闭目亦佳。'某因此无事则安坐瞑目，用力操存，夜以继日，如此者半月。一日下楼，忽心已复澄中立，窃异之，遂见先生，先生目逆而视之曰：'此理已显地。'某问：'先生何以知之？'曰：'占之眸子而已。'"

"物理"不在"本心"之外，所以只要关起门来"安坐瞑目""用力操存"，久而久之，"此心"就会突然"澄莹中立"，大放光明，"万理灿然"。而且这个"理"的正确性不是体现于通过活动来实现主客观的符合，而是体现在"眸子"的光彩上。这就是陆九渊否认客观实践、否认认识过程、否认认识的客观标准的神秘主义的体验论。这种神秘主义的体验论还被运用为主观臆测的观心术：

"先生能知其心术之微，言中其情，多至汗下。亦有相去千里，素无雅故，闻其概而尽得其为人。语学者曰：'念虑之不正者，顷刻而知之，即可以正；念虑之正者，顷刻而失之，即为不正。有可以形迹观者，有不可形迹观者。必以形迹观人，则不足以知人；必以形迹绳人，则不足以教人。'"

"形迹"与"念虑"并不完全一致，透过"形迹"来观察内心活动，这一看法是深刻的，但相去千里，素不相识，一见之下就能"尽得其为人"，于是这种观心术就被神秘化了。特别是用一个防范异己的"本心"来窥测人们的"心术之微"，来怀疑人们"念虑"中的"顷刻"之"不正"，以免这"一念不正"发展为反对封建统治的"形迹"。这就是地主阶级主观唯心主义的动机论了。明代王守仁把"一念发动处"的思想动机当作是"行"，并企图把这"一念不善处"消灭于"方萌之际"。这一观点就是陆九渊的动机论的进一步发展。

二、"剥落""物欲"

陆九渊进一步探求"念虑不正"、动机不善的原因及其防范的方法。他认为"本心"在没有与"物"接触时都是清明、至善的，一旦追逐物欲（"逐物"），其良心善性就有所蒙蔽了：

"愚不肖者之蔽在于物欲，贤者智者之蔽在于意见，高下污洁虽不同，其为蔽理溺心而不得其正，则一也。"就是说，贤、智、愚、不肖尽管受蒙蔽的方面不同，但因外来影响（"物欲"或"意见"）而陷溺"本心"则是一样的。因此，认识的目的就在于去掉蒙蔽"本心"的灰尘，回复"本心"固有的清明。当他的学生问什么事最为首要时，他回答说："必也正乎人心。"怎样"正人心"呢？他的办法就是"剥落"："人心有病，须是剥落。剥落得一番即一番清明；后随起来又剥落，又清明；须是剥落得净尽，方是。"

"将以保吾心之良，必有以去吾心之害。何者？吾心之良，吾所固有也。吾所固有而不能以自保者，以其有以害之也。……夫所以害吾心者，何也？欲也。欲之多，则心之存者必寡；欲之寡，则心之存者必多。……欲去则心自存矣。"

可见陆九渊"存心去欲"的主张与程颢、程颐兄弟和朱熹是一致的，但又有差别：

在理论上，他不同意程朱把天与人绝对对立起来。他说："天理人欲之言,亦自不是至论。若天是理,人是欲,则是天人不同矣。"这样就会否定人心固有之"理",违背了"心即理"的理论前提;但他并不主张没有天理人欲之分,而只是认为人心就是天理,强调发挥本心良知来战胜物欲。如果认为人欲是本心所固有的,那就是"道大,人自小之;道公,人自私之;道广,人自狭之。"不利于发挥"本心"固有的"良知""良能"来去人欲、存天理。

在方法上,他反对"终日簸弄经语"用读书穷理的办法来去人欲存天理。他认为"田地不净洁,亦读书不得,若读书,则是假寇兵,资盗粮"。为此,他提出了"减担"的"格物"法:

"圣人之言自明白,且如'弟子入则孝,出则弟',是分别说与你入便孝,出便弟,何须得传注。学者被精神于此,是以担子越重。到某这里,只是与他减担,只此便是格物。"

书读得越多,担子越重,为贯彻孝悌之道增添了麻烦。因为本心不明,就会被所谓"邪说""异端"等"意见"所左右。这样,"其所谓学问题,乃转为浮文缘饰之兴,甚至于假之以快其遂私纵欲之心,扇之以炽其伤善败类之焰,岂不甚可叹哉!"因此,必须"格物",即格去这些"学问""意见"所带来的"物欲"。这样,所谓"减担"并不是减轻负担,而是减除物欲,加强封建道德教育,在灵魂深处套上锁链。

朱熹、陆九渊在哲学上的异同及其争论的实质

朱、陆之争是南宋时期唯心主义内部两个主要哲学流派之间进行的学术争论。他们之间经常通过书信往来进行争辩。比较集中的辩论有两次:第一次在1175年(淳熙二年)由朱熹、陆九渊的朋友吕祖谦邀集在江西信州鹅湖寺进行,史称"鹅湖之会"。会上以陆九渊及其兄陆九龄为一方,朱熹为一方,就治学方法问题展开面对面的辩论,实际上是关于认识论问题的争论。第二次是朱熹、陆九渊之间通过书信往来就"无极""太极"问题展开辩论,实际上是关于本体论的争论。两次辩论都以各持

己见而告终。

鹅湖会上陆氏兄弟不赞成朱熹"格物穷理"的提法。朱熹从"理"是天地万物的最高主宰出发，主张认识的目的在于"穷天理"，而穷理又必须通过"格物"。他认为，人心是有知的，天下事物又是"莫不有理"的。因此，首先要知各具体事物之理，然后通过"用力之久"的功夫就自然达到"豁然贯通"，即"顿悟天理"。朱熹还认为"格物"的主要内容就是读圣人之书。与此相联系在治学方法上就主张"泛观博览"。陆九渊从"心即理"的前提出发，认为朱熹提倡的这套"即物穷理"的认识途径太"支离"烦琐，不切实用。他力求寻找一种简易、直接的办法。这就是"切已自反""发明本心"即在治学方法上主张先发明人之本心。这是一种直觉主义的认识方法。鹅湖会上陆九渊写诗指责朱熹的学说太烦琐。他说："墟墓头衰宗庙钦，斯人千古不磨心。……易简功夫终久大，支离事业竟浮沉。"

如果说在朱熹那里还要求对事物的表里精粗进行认识，那么在陆九渊这里就由外向内，只剩下了赤裸裸的"一个心"了。所以朱熹讥讽说："子静（指陆九渊）之学，只管说一箇心……若认得一个心了，方法流出，更都无许多事……所以不怕天，不怕地，一向胡叫胡喊……便是'天上地下，唯我独尊'。"

朱熹这段话可说是把陆九渊认识论的特点刻画出来了。陆九渊的认识论是比朱熹更直接、更露骨的主观唯心主义的唯我论。

认识论上的分歧以后又深入发展到本体论问题上的争论。陆九渊及其兄陆九韶不同意"无极而太极"的提法。他们认为《太极图说》不是周敦颐的著作；即使出自周敦颐之手，也是周敦颐早年的思想，周敦颐后来改变观点，不再提"无极"了。陆氏兄弟认为不应"以'无极'字加在'太极'之上"。而朱熹则认为"无极而太极"就是"无形而有理"；如果"不言'无极'，则'太极'同于一物，不足为万化根本"。这就是说，朱熹强调"太极"是"无方所""无形态、通贯全体、无所不在超时空的绝对体";而陆九渊则认为这个绝对体——"太极"就是"心","太极"就是标注这个"心体"绝对性的最高范畴,"太极"就在心里。因此,他认为说"太极"就足够了,如强调"无极而太极"就会承认在"心"之外、之上别有最高本体。所以他指责朱熹在"太极"之外加上"无极"是"叠床上之床""架屋下之屋",不仅是多余的,而且"言来言去,转加糊涂,此真所谓轻于立论,徒为多说,而未必果当于理也。"

实际上,"无极""太极"之争不过是客观唯心主义与主观唯心主义在本体论问题上的不同见解。朱熹把主观意识所虚构出来的"理""异化"为宇宙法则,陆九渊则又把这一虚构的"理"还原为主观意识的"心"。朱熹认为"理"在"心"中,又在"心"外。陆九渊则认为"太极"就是"理","心"就是"理",不能离开"心"来讲"太极",更不能承认"太极"之上还有"无极"。这就是说,他不承认心外还有个"无形而有理"的本体,"心"就是本体。

朱熹和陆九渊的争论,在揭露对方的过程中,对有些问题的批判是击中要害的。这对以后哲学思维的发展和明清哲学家对"理学""心学"的批判、吸取、改造,都有一定的启发作用。因此,朱、陆之争在曲折的哲学认识发展史上是有意义的,不应忽视。

但从对哲学根本问题的回答来看,不管是朱熹的"理"或是陆九渊的"心",都是超时空的绝对精神,他们都把先验精神("理"或"心")作为认识的泉源,都把仁、义、礼、智等封建伦理道德绝对化、永恒化。所以不管是朱熹的思辨之理或是陆九渊的本体之心,都是主张精神第一性,其目的都是在为封建统治寻找理论根据。黄宗羲说:"二先生(指朱、陆)同植纲常,同扶名教,同宗孔孟,即使意见终于不合,亦不过仁者见仁,智者见智,所谓学焉而得其性之所近,原无有悖于圣人,矧夫晚年又志同道合乎?"黄百家也说:"二先生之立教不同,然如诏入室者,虽东西异户,及至室中则一也。"既然哲学思想在目的和归宿上一致,他们的意见分歧也是非原则性的,是可以相容的。黄宗羲说:"假令当日鹅湖之会,朱、陆辩难之时,忽有苍头仆子,历阶升堂,挦陆子而殴之曰:'我以助朱子也。'将谓朱子喜乎不喜乎?定知朱子必且挞而逐之矣。"这一假设是符合当时哲学争辩的实际情况的。事实上当时朱熹认为在哲学路线和政治倾向上真正与他对立的,是以"事功"主义为其思想特征的唯物主义思想家陈亮和叶适,而不是主观唯心主义者陆象山。

王守仁对陆九渊主观唯心主义"心学"的发展

王守仁(1472—1528年)字伯安,浙江余姚人。因创办阳明书院,世称阳明先生。明武宗、世宗时,曾任南京部尚书。由于多次镇压农民起义和少数民族暴动,及平定统治阶级内部宁王朱宸濠的叛乱,极力维护风雨飘摇中的明王朝的统治,因而得到最高统治者——皇帝的赏识,被封为"新建伯"。

王守仁生活的明朝中叶,我国封建社会由发展成熟而趋于衰落,开始孕育着新的经济变动,自给自足的自然经济濒于崩溃,商品货币经济有了相当发展。顾炎武在《天下郡国利病书》中引述《歙县风土论》谈到明中叶经济情况时说:

"寻至正德末、嘉靖初,则稍异矣。商贾既多,土田不重。操赀交接,起落不常。能者方成,拙者乃毁。东家已富,西家自贫。高下失均,锱铢共竞。互相凌夺,各自张皇。于是诈伪萌矣,讦争起矣,纷华染矣,靡汰臻矣。"

这说明王守仁生活的时代,由于商品市场经济的发展,原始商业资本的积累,已引起"东富西贫""高下失均"新的经济变动。被市场经济所吸引,地方官吏、勋戚贵族竞相渔利,乃至最高统治者皇帝也带头加紧掠夺,扩展皇庄,开设皇店。他们凭借封建权势,疯狂兼并土地,转嫁赋税重担,造成农民大批破产流亡,终于激起"几危宗社"的农民革命风暴。在社会基本矛盾的引发下,统治阶级内部以及与少数民族之间的矛盾也激化了,先后出现了安化王朱寘鐇、宁王朱宸濠的叛乱和广西思、田、八寨等地区瑶族和僮族的武装暴动。面临日益严重的封建统治危机,王守仁惊呼道:"今天下波颓风靡,为日已久,何异于病革临绝之时!"为了"起死回生",把明王朝从"沉疴积痿"中挽救过来,他在镇压农民起义过程中看到"民虽格面,未知格心"的危险性,深感"破山中贼易,破心中贼难"。他总结思想统治的经验,抓住心物关系,心理关系和知行关系问题,进行艰苦的理论探索,指出朱熹"析心与理为二"是导致"知行分离"的理论基础。其"即物穷理"之说,只能约束行为外表,不能钳制思想动机。从"扫荡心腹之寇,以收廓清平定之功"的目的出发,他继承孟子的"良知"学说和陆九渊"心即理"的思想,批判朱熹"理学",进一步发展了主观唯心主义的"心学"体系。

王守仁的著作由他的学生汇编成《王文成公全书》,共三十分卷。其中哲学方面的著作主要是《传习录》上、中、下和《大学问》。

"心外无物""心外无理"的主观唯心主义世界观

王守仁的哲学体系,集我国古代主观唯心主义之大成。它包括"心外无物""心外无理"的宇宙观,"致良知"的认识论,以及"知行合一"的动机论。其中"知行合一"为其整个哲学体系的"立言宗旨",强调用封建伦理道德的自觉修养去规范行动,具有强烈的政治色彩;而"知行合一"的理论前提,则是以"吾心"为世界本体的心本论。心本论从先秦思孟学派的"尽心知性知天"、唐代禅宗的"以心法起灭天地"到南宋陆九渊的"宇宙便是吾心,吾心即是宇宙",都有较系统的理论观点,而把这些理论观点上升到心物、心理关系这一哲学基本问题的高度,并对之作出哲学论证的,则是王守仁。

一、"意之所在便是物"

他沿着从内到外、从心到物的思辨途径,对"心"的能动作用作了一系列的片面夸大。

首先,从身、心关系问题入手。

他说:"耳、目、口、鼻、四肢,身也,非心安能视听言动?心欲视听言动,无耳、目、口、鼻、四肢,亦不能。故无心则无身,无身则无心。但指其充塞处言之谓之身,指其主宰处言之谓之心,指心之发动处谓之意,指意之灵明处谓之知,指意之涉着处谓之物,只是一件。"

从上引材料看来,他虽然提出"无心则无身,无身则无心"的观点,承认身与心的相互依存关系,但却从认识论角度提出了一个"非心安能视听言动?"的谁主宰谁的问题。这实际上是哲学史上一直争论的"耳目之官"与"心之官",即感觉经验与理性思维的关系问题。他重复提出这个问题,主要是利用了以往唯物主义的"唯理论"倾向,从荀况到张载都片面地强调"心居中虚,以治五官""大其心,则能体天下之物"的能动作用,把心夸大成既是耳目口体的主宰,也就是一切认识的基础。

王守仁说:"心者,身之主宰,目虽视,而所以视者,心也;耳虽听,而所以听者,心也;口与四肢虽言动,而所以言动者,心也。故欲修身,在于体当自家心体,常令廓然大公,无有些子不正处。主宰一正,则发窍于目,自无非礼之视,发窍于耳,自无非礼之听,发窍于口与四肢,自无非礼之言动。此便是修身在正其心。"

心不仅通过"意"的发动,使感觉器官能够视听言动,而且通过"知"的"灵明"去指导、规定视听言动的方向。这就是视听言动之"所以"。这个"所以者"就是作为一身之主的"心体"。这就在孟子"反身而诚"的古老命题中注入了"发动之意""灵明之知",即意念与知觉的丰富内容,为认识的下一步,即心之扩充而出,主宰乎物,作了理论准备。

其次,从心可以支配感觉器官、并使人具有意念和知觉能力这一点开始,把心的能动作用一步一步地扩展到心与物的关系问题:

第一步:"意未有悬空的,必着事物。"就是说,不能离物而言意,主观的意念必须与客观的事物结合,承认了主观和客观的依存关系。在这里,"物"和"事"都是客观的存在。

第二步:"意之所用,必有其物,物即事也。"在主客观结合过程中,抓住意念和知觉能力一经发动就要作用于物这一点不放,对于每一具体之物都加上"意在于""意用于"的主观条件,"物"就成为不是离"意"而独立存在的自在之物,而是"意"所从事加工的对象("物即事也"),也就是为我而存在的附属品而失去其客观的独立性了。

第三步:"有是意,即有是物;无是意,即无是物;物非意之用乎!"再跨一步,就是:"物"不仅是"意"所加工的对象,而且是"意"所作用的结果,是为了让"意"有所加工而创造出来的派生物了。王阳明后学曾以声、色、味等为例,提出一个"为之辨其声(色、味等)者谁欤"的问题,把客观存在置于"意"所加工的范围之内,得出结论:"天地万物之声(色、味等)非声也,由吾心听,斯有声矣。"这同样是通过夸大认识的能动性,否认认识对象的客观独立性,把客观存在变成为主观作用的派生物。

再次,寄生于认识的能动性,把"吾心"中的一点"灵明"发动起来,就产生了"感应之力"的"妙用";心有所感(动),物有所应,在一刹那间("几")实现心与物的"妙合而凝"。

例如:"你未看此花时,此花与汝同归于寂;你来看此花时,则此花颜色一时明白起来,便知此花不在你的心外。"眼开则花明,眼闭则花寂,花色随着视觉运转。

又如:"天没有我的灵明,谁去仰他高? 地没有我灵明,谁去俯他深?"天不自高,仰则天高;地不自深,俯则地深。或高或深,决定于人的仰俯。

又如:"夜来天地混沌,形色俱泯同,人亦耳目无所睹闻,众窍俱翕,此即良知收敛凝一时;天地既开,庶物露生,人亦耳目有所睹闻,众窍俱辟,此即良知妙用发生时。"良知停止运转,则天地为之混沌;良知发生妙用,则天地为之开朗。良知一动一静,而天地为之变色。

再如:"夜气清明时,无视无听,无思无作,淡然平怀,就是羲皇世界。平旦时,神清气朗,雍雍穆穆,就是尧舜世界。日中以前,礼仪交会,气象秩然,就是三代世界。日中以后,神气渐昏,往来杂扰,就是春秋战国世界。渐渐昏夜,万物寝息,景象寂寥,就是人消物尽世界。"一日之间,甚至人们神气的清浊、情绪的好坏,也可以使世界发生历史性的剧变。

问题在于,"吾心之良知"是不断运转的:"良知即为易,其为道也屡迁,变动不居,周流六虚,上下无常,刚柔相易,不可为典要,惟变所适。""良知"的"变动不居""上下无常"乃是事物所以运行不息、变化多端的最后动力。这样,"天地万物,俱在我的良知的发用流行中,何尝又有一物超于良知之外,能作得障碍?"

过去,周敦颐借助太极的自我运转化生万物,邵雍借助象数的烦琐序列来推演历史,朱熹强调"理主气从"而又苦于"气强理弱",陆象山化气为理而又要以数释理,他们在理释精神本体如可产生万物的问题上要绕过多少障碍啊!现在却从佛教的"由心回转"中找到了"直截简易"的解决办法:"人人自有定盘针,万化根缘总在心。却笑从前颠倒见,枝枝叶叶外头寻。"原来,太极不在象数中,也不在义理中,却在吾心的一点"良知"中。这乃是"造化的精灵",凭着它的感应之力就可以"生天生地,成鬼成帝",再不必在形上形下、心内心外绕圈子了。

总之,"无心外之物"就是"良知发用流行"的结果,它存在、变化于良知主宰的"感应之力"中。就这样,从彻底的唯心主义观点解决了心物关系问题。

二、"理也者,心之条理也"

片面夸大心的能动作用,王守仁在心与理的关系问题上还提出了"心外无理"的命题。

朱熹虽提出"心虽主乎一身,而其体之虚灵,足以管乎天下之理;理虽散在万物,而其用之微妙,实不外乎一人之心"的观点,强调主观和客观之间在"心"的基础上的统一性,但为了把虚构之"理"客观化,不得不承认有所谓"在物之理"的存在,要求人们于"事事物物"上去"穷理"。王守仁继续陆九渊的思路,认为这是"析心与理为二",把主观和客观对立起来,势必承认心外还有不以人的主观意志为转移的客观存在着的"天地万物之理"。这样,主观就难于"管乎"客观了。同时,如果认为忠孝之理只存在于君、亲之身,那君、亲死亡之后,吾心就没有忠、孝之理了。这样,封建伦理的思想统治也就有了漏洞。为此,他提出"物理不外于吾心;外吾心而求物理,无物理矣"的观点,否认在主观之外有客观"物理"的存在;并把朱熹的"心与理"改为"心即理",把朱熹的"具众理而应万事"改为"众理具而万事出"。一字之差,体现了客观唯心主义与主观唯心主义的思想分野。

但是,为什么"在物之理"产生于"在己之心"呢?他说:

"天地之道,一常久不已而已。"

"圣人之所以能成而化,化而复成,而妙用不穷者,一天道之常久不已也。"

"观夫天地、日月、四时、圣人之所以能常久而不已者,不外乎一贞,则天地万物之情,其亦不外乎一贞也,亦可见矣。"

上列第一句,说明王守仁还承认天地日月等自然物质还存在着其固有的"常久不已"的运动规律;第二句则突出了圣人"能成能化""化成复成"的能动性及其所产生的"妙用不穷"的作用;第三句则进一步把"天地万物之情"同于圣人,而归其本,这个同,"不外乎一贞"。这所谓"贞",就是"正",亦即所谓圣人的"至诚"。王守仁说:

"天地感而万物化生,实理流行也。圣人感人心而天下和平,至诚发见也。皆所谓'贞'也。观天地交感之理,圣人感人心之道,不过于一贞,而万物生,天下和平焉,则天地万物之情可见矣。"

这里又出现了神妙的感应之力:天地感而万物化生,圣人感而天下和平。这种自然和社会的和谐发展,不是由于自然和社会的本身,乃是"实理流行"的体现,而归根结底,不过是"至诚发见",不过是圣人之心动于内、发于外、体现于事物的结果。这样,按照"心即理""理即礼"的逻辑推论下去,吾心和物理、物理和伦理的矛盾就得到了解决:

"理也者,心之条理也。是理也,发之于亲则为孝,发之于君则为忠,发之于朋友则为信。千变万化,至不可穷竭,而莫非发于吾之一心。"

"心即理也。此心无私欲之蔽,即是天理,不须外面添一分。以此纯乎天理之心,发之事父便是孝,发之事君便是忠,发之交友、治民便是信与仁。只在此心去人欲存天理上用功便是。……譬之树木,这诚孝的心便是根,许多条件便是枝叶。须先有根,然后有枝叶;不是先寻了枝叶,然后去种根。"

这样,与感应之力相应,又看到了发生之妙。"心之条理"发于前,人之伦理生于后。前者是能发之根,后者是所生之枝叶。这个根,就是先天具有的、完善无缺的"良知"。

"致良知"的主观唯心主义认识论

王守仁把《大学》的"致知"和孟轲的"良知"结合起来,提出了"致良知"的主观唯心主义认识论。他说:"吾生平讲学,只是'致良知'三字。"并郑重宣告,只有他的"致良知"学说才真正是"圣门正法眼藏"。

与朱熹的"格物致知"之说比较起来,王守仁的"致良知"具有显著的主观唯心主义的思想特征。

一、"良知之外别无知"

首先,关于认识的对象。

朱、王都不否认"穷理"的重要性;但朱熹把先验之理外化为"在物之理",主张"于事事物物上穷理",并认为"一事不穷,则阙了一事道理。一

物不格,则阙了一物道理,须著逐一件与他理会过。"王守仁认为这种"即物穷理"的办法不仅支离烦琐,而且还带有危险性:

"夫求理于事事物物者,如求孝之理于其亲之谓也。求孝之理于其亲,则孝之理其果在于吾之心邪?抑果在于亲之身邪?假而果在于亲之身,则亲没之后,吾心遂无孝之理欤?"

为了摆脱这种危险性,他把"孝之理"从"亲之身"转移到"吾之心",对"致知格物"重新进行解释:

"若鄙人所谓致知格物者,致吾心之良知于事事物物也。吾心之良知,即所谓天理也。致吾心身知之天理于事事物物,则事事物物皆得其理矣。"

这样一来,就由外到内,外化的"天理"化为内在的"良知",然后又由内到外,内在的"良知"扩充为事事物物之理。不是主观到客观中去"求其理";相反,倒是主观使客观"得其理"了。因此,与其枝枝叶叶地在外面"穷物理",不如日日夜夜地从内心"致良知"。

其次,关于认识的能力。

朱熹虽认为"心具众理,万理具于一心"。但他又指出:"自家虽有这道理,须是经历过方得。"因此,要能过一番"格物"工夫,才能对已知之理得到再认识。"惟于理有未穷,故其知也不尽也。"不穷究在物之理,在己之知的先验能力是不能自发地充分发挥出来的。而王守仁则认为:

"知是心之本体。心自然会知。见父自然知孝,见兄自然知悌,见孺子入井自然知恻隐。此便是良知,不假外求。"

因此,认识能力的取得,既"非由于闻见"的经验积累,也非由于对"事变"的"预先讲求"而是由于先验能力的自然流露。恰如婴儿之"能笑""能认识其父母兄弟""能立能行能持能负",以至最后对"天下之事无不可能。"这种应变力"不是出胎日便能讲求推寻得来",而是由于其"本源"来自在"母腹"中先天具有的"良知"胚胎。文明"明镜"之"随感而应,无物不照。""照物"的能力来自"明镜"的本体。要"照物",固然需要"格物";但所谓"格物",不过自"磨镜"。"如磨镜而使之明,磨上用功,明了后亦未尝废照。"所谓"使之明",不是使本来不明者变为明,而是使本来明者恢复、发挥其明。所以"致良知"就等同"磨明镜",不过是把"心之本体"先天固有的认识能力扩充发挥出来而已。

最后,关于认识的过程。

朱熹把认识分为"格物"和"致知"两个阶段,认为只有通过长期"格物"取得"零细"经验,才有可能出现"一理豁然贯通"的认识飞跃,进入"吾心无所不知"的"致知"阶段。因此,在一定程度上,他从唯心主义角度看到了"见闻之知"在印证"先验之知"方面的作用。王守仁则从片面夸大"良知"能动作用的思辨途径否认有"见闻之知"的必要:

第一步:他认为"良知不滞于见闻,而变不杂于见闻。""良知"既不能停滞于见闻之知的阶段,也不能混同于见闻之知。这一观点,从唯心主义角度,多少看到了见闻之知的局限性,有一定合理因素。

第二步:"多闻择其善者而从之,多见而识之,既云'择'又云'识',其良知亦未尝不行于其间。"从"多闻""多见"中获得的丰富感性材料中,分别其种属、性质,然后加以比较认识("识")、取舍选("择")。而这种"识"和"择"的能力乃是由于在感性认识阶段中"良知"发挥能动作用的结果。因此,"思是良知之发用。"要辨别事物,"致良知是学问大头脑";如"专在多闻多见上去择识",而不通过"良知"的思考,就"失却头脑"。这一观点,比狭隘经验论更多地看到了理性思维的作用,在认识史上有其不容忽视的理论贡献。

第三步:他通过片面夸大对于"见闻之知"的指导作用,把"良知"吹胀为可以脱离"见闻"基础而独立自在的绝对,认为"良知不由见闻而有,而有闻莫非良知之用"。这不仅颠倒了认识秩序,并进一步断言:"良知之外,别无知矣。"这就用"良知"代替了"见闻"之知,把感性认识排斥在认识过程之外,割断了认识来源,使"致良知"成为主观自生、随意扩充的神秘参悟了。

二、"良知是尔自家的准则"

朱熹认为判断是非善恶的标准是封建伦理原则。但他把伦理外化为天理，使其成为"天地间一个公共道理，更无人物彼此之间，死生古今之别，虽曰死而不亡，然非有我之得私"。这样，封建伦理就被哲学化为普通的、永恒的宇宙法则，具有"无所逃于天地之间"的无边法力。在封建统治秩序极端动荡、外在的道德标准已不再能维系人心的明代中期，王守仁又把伦理标准移植到内心，转化为"吾心"之"良知"：

"尔那一点良知，是尔自家的准则，尔意念着处，他是便知是，非便知非，更瞒他一些不得。尔只不要欺他，实实落落依着他做去，善便存，恶便去，他这里何等稳当快乐。此便是格物的真诀，致知的实动。若不靠着这些真机，如何去格物？"

"良知原是完完全全，是的还他是，非的还他非，是非只依着他，更无有不是处，这良知还是你的明师。""良知"既是认识的源泉，又是认识的标准。"良知"之所是谓之是，"良知"之所非谓之非："毫厘千里之谬，不于吾心良知一念之微而察之，亦将何所用其学乎？是不以规矩而欲定天下之方圆，不以尺度而欲尽天下之长短，吾见其乖张谬戾，日劳而无成也。"这样，以主观是否符合客观来判断是非成了"乖谬"，而以客观是否符合主观标准来衡量是非反而成了"真知"。这就是主观唯心主义的颠倒是非观。

三、"只好恶，就尽了是非"

朱熹所讲的"穷理"之"理"，主要是指封建伦理，其所讲的"极知"之"知"主要是指树封建伦理的再认识。"穷理致知"的目的在于使人们认识到"当真见得子决定是合当孝，臣决定是合当忠，决定如此做始得。"这是予封建伦理以理性外衣，给道德信仰以认识基础。因此，其伦理观是哲学化了的伦理观。王守仁则不然，他说：

"良知只是个是非之心，是非只是个好恶。只好恶，就尽了是非；只是非,就尽了万事万变。"

"致良知"的目的,除了锻炼一颗"完完全全"为封建统治阶级辨别善恶的"是非之心"以外,还要培养一种"实实落落"来处理这种善恶的"好恶之情"。这就予封建伦理以信仰保证,给道德践履以情操内容。因此,其认识论是伦理化了的认识论。

这样一来,被朱熹"客观化"了的封建伦理,经过王守仁的补充,就由外向内,试图在人们的感情上扎上根:

"盖良知只是一个天理自然明觉发见处,只是一个真诚恻怛,便是他本体。故致此良知之真诚恻怛以事亲,便是孝,致此良知之真诚恻怛以从兄,便是弟,致此良知之真诚恻怛以事君,便是忠。只是一个良知,一个真诚恻怛。"

正是为了把忠孝的"自然明觉"之理化为"真诚恻怛"之情,付诸"真切笃实"之行,他进一步考察了知与行的关系问题。

"知行合一"的主观唯心主义动机论

一、"知是行之始,行是知之成"

王阳明的所谓"知"是对于封建伦理道德的认识,其所谓"行"是对于封建伦理道德的实践,其所谓"知行合一"是研究封建伦理道德的认识和实践如何或为什么能够统一的问题。

既然对于封建伦理道德的认识是出于"良知",是出于"不虑而知、不学而能"的"天聪明",那么这种认识就应该完全体现为维护封建制度的实践,为什么"如今人尽有知得父当孝、兄当弟者,却不能孝、不能弟"、弄得"知与行分明是两件事"呢?王阳明认为这是由于朱熹的"知先行后"之说把认识和行动脱离开来,因此有必要对"知"和"行"的关系重新加以解释:

"古人所以既说一个知,又说一个行者,只为世间有一种人,懵懵懂懂的任意去做,全不解思维省察,也只是个冥行妄作,所以必说个知,方才行得是。又有一种人，茫茫荡荡悬空去思索，全不肯着实躬行，也只是个揣摩影响，所以必说一个行，方才知得真。此是古人不得已，补偏救弊的说话。"

一种人是只着重"行"，而不着重"知"。这种"行"由于没有封建伦理思想的指导，其结果是"冥行妄作""懵懵懂懂"，缺乏自觉性。一种人是只着重"知"而不着重"行"。这种"知"由于没有体现为封建伦理道德的躬行实践，所以他们的一套"口耳讲说"也只是"茫茫荡荡""揣摩影响"，在维护封建制度方面没有什么实际效果。王阳明强调要用"知"来指导"行"，以便"行得是"；又用"行"来实现"知"，以便"知得真"：

"某尝说：知是行的主意，行是知的功夫。知是行之始，行是知之成。若会得时，只说一个知，已自有行在。只说一个行，已自有知在。"

"行之明觉精察处即是知，知之真切笃实处即是行。若行而不能精察明觉，便是冥行，便是学而不思则罔，所以必须说个知。知而不能真切笃实，便是妄想，便是思而不学则殆，所以必须说个行。原来只是一个工夫。""知是行之始"就是说，对于封建道德的认识是封建道德实践的出发点。"行是知之成"就是说，对于封建道德的实践是封建道德认识的归宿点。因此，"知"是为"行"出"主意"的，"行"是为"知"做"功夫"的。如果"知"的"主意"出得好，那么"行"起来就"明觉精察"，即封建道德的实践更具有自觉性。如果"行"的"功夫"做得深，那么"知"到的东西就更为"真切笃实"，即封建道德的认识更落实，在思想上扎的根更深。王阳明为了解决人们对于封建伦理道德知得不"真"、行得不"是"的问题，除了要求人们对于封建伦理道德有所"知"以外，还要加上一点"真切笃实"的情感。除要求人们对于封建伦理道德有所"行"以外，还要加上一点"明觉精察"的敏感，以便是封建伦理道德的锁链紧紧地套在人们的思想、感情和行动上。正是从这一要求出发，他特别强调"知行合一"，特别强调知与行的相互影响、相互渗透的关系：

"知之真切笃实行便是行,行之明觉精察处便是知。若知时,其心不能真切笃实,则其知便不能明觉精察,不是知之时只要明觉精察,更不要真切笃实也;行之时,其心不能明觉精察,则其行便不能真切笃实,不是行之时只要真切笃实,更不要明觉精察也。"

"知"之所以能够指导"行",是因为它对于封建伦理道德具有"明觉精察"的认识,所以"明觉精察"是"知"的特点。"行"之所以能够实现"知",是因为它能够把对于封建伦理道德的"明觉精察"的认识化为"真切笃实"的行动,所以"真切笃实"是"行"的特点。这说明"知"与"行"各以其特点而相互区别开来。但是它们的这些特点又不是绝对的。因为对于封建伦理道德的"知"之所以能够"明觉精察",是以"真切笃实"的感情为基础的,所以"知"又具有"真切笃实"的特点而与"行"联系起来。同时,对于封建伦理道德的"行"之所以表现得"真切笃实",是以"明觉精察"的认识为指导的,所以"行"又具有"明觉精察"的特点而与"知"联系起来。但是,不管"明觉精察"也好,不管"真切笃实"也好,都是"心"的活动的特点。不过"明觉精察"是指的"心"的认识深度,"真切笃实"是指"心"的感情深度。由此可知,王阳明的"知行合一"是以"心"为基础,以个人的思想和感情为基础的。这就是他的"知行合一"论的主观唯心主义的实质。

二、"一念发动处即是行"

从此出发,王阳明把知与行的依赖关系加以夸大、歪曲,得出了"知即是行"的结论,模糊了两者之间的差别性:

"夫人必有欲食之心,然后知食。欲食之心即是意,即是行之始矣。……必有欲行之心,然后知路。欲行之心即是意,即是行之始矣。"

"一念发动处,便即是行了。"

"一念发动处"只是"行"的动机,只是一种思想活动。这种思想活动可以表现为"行",但它还没有由主观见之于客观,还并不就是"行"。所以王夫之指出王阳明"知即是行"这一观点的实质是"销行以归知,终始于知"。

王阳明这种主观唯心主义的"知行合一"论,具有鲜明的阶级性:

"令人学问,只因知行分作两件,故有一念发动,虽是不善,然却未曾行,便不去禁止。我今说个知行合一,正要人晓得,一念发动处,便即是行了;发动处有不善,就将这不善的念克倒了,须要彻根彻底,不使一念不善潜伏在胸中,此是我立言宗旨。"

"防于未萌之先,而克于方萌之际,此正《中庸》'戒慎恐惧'、《大学》'致知格物'之动。舍此之外,无别功矣。"对于不利于封建统治的"不善之念",最好是"防于未萌之先";其次是"克于方萌之际"。如果这"一念不发动处"不加以"彻根彻底"地"克倒",势必发展为反抗封建统治的实际行动。因此王阳明用主观唯心主义的动机论把"知"与"行"在思想动机("意")的基础上统一起来,从思想深处开刀,先"破心中贼",预防"山中贼"。这就是他的"知行合一"论的"立言宗旨"。

但是,思想动机是"潜伏"着的,用什么去加以"明觉精察"呢?王阳明要求在人们的"胸中"点燃一盏"恒照"的"良知"之灯:

"良知者,心之本体,即前所谓恒照者也。心之本体,无起无不起。虽妄念之发,而良知未尝不在,但人不知存,则有时而或放耳。虽昏塞之极,而良知未尝不明,但人不知察,则有时而或蔽耳。虽有时而或放,其体实未尝不在也,存之而已耳。虽有时而或蔽,其体实未尝不明也,察之而已耳。若谓良知亦有起处,则是有时而不在也,非其本体之谓矣。"

"妄念之发"便是"恶行之始"。这是最可怕的,但更可怕的是"妄念之发"又是无时不在,不可预测的。这就要乞灵于"良知"的"常存""常明";但可惜的是良知有时而"或放""或蔽",妄念便乘虚而入,发展到不可收拾。这就要做一番存养考察的工夫。这个工夫,周敦颐叫做"主静慎动"、二程叫做"主敬立诚"、朱熹叫做"操存涵养",陆九渊叫做"切己自反"。总起来讲,叫做"去人欲,存天理"。但这个工夫过去做起来是可以"从容涵泳"的,现在却形势紧迫了:不仅"已发"的"山中贼"难于被,"未发"的"心中贼"更难防。这就迫使王守仁不得不"静时念念去人欲存天理,动时念念去人欲存天理"。这就是王守仁所以用主观唯心主义动机论解决知行关系问题的历史根源。

王守仁"心学"的历史地位

宋明道学唯心主义,以周敦颐的"太极说"开其端,经过程、朱"理学"的建立,朱、陆的争论,发展到王守仁的"心学",走到了它的逻辑发展的终点。而"心学"体系内在矛盾的逻辑开展,在社会矛盾空前激荡的晚明时期,又分化出"异端"思潮,走向了它的反面,为明清之际启蒙思潮的兴起准备了理论条件。

为道学唯心主义补偏救弊建立起来的阳明"心学",被誉为"即知即行,即心即物,即动即静,即体即用,即工夫即本体,即上即下,无之不一"似乎是微妙玄通,无懈可击了。但是"心学"体系内部的矛盾却隐伏着自我否定的因素,终于在其后学们的引发下,导致了王学的分化瓦解。

例如,在心物关系、心理关系问题上,他提出"物即事""心即理"的观点,似乎解决了朱熹"析心与理为二"之类的矛盾;但在论证过程中又立即使自己陷于新的矛盾。为了论证"心外无物""心外无理",利用主观对客观的"感应"关系,片面夸大"心"的能动作用,以为"天地万物"不能"离却""我的灵明"而独立存在,把主观唯心主义发展到唯我论;但"我的灵明"毕竟是受到"形体间隔"的自我意识,又不得不从"形体"区分开来,异化出去,使之无限膨胀,成为"充天塞地"的无人身的纯粹意识,逻辑地得出"无物无心""无理无心"的结论,又从唯我论走向泛神论。这样,在王学体系内部就存在着两种可能性。一种可能性是在心物相通、心理相通的前提下来强调不能舍物求心、遗理求心,作出"心无体,以天地万物感应之是非为体"的结论,埋下了从泛神论过渡到唯物论的契机。另一种可能性是在物中有心、心理交融的前提下，把被道学家们的理学公式、象数体系弄得干枯死板的物质世界重新活起来，使"风雨露面、日月星辰、禽兽草木、山川土石"，由于"灵明"的点染，"良知的流行不息"，从"物则不通"变为"活泼泼地"。这种隐藏在万物有灵论中的自然生机，发展到泰州学派，就"灵根才动彩霞飞"，终于发出了富有诗情画意的感情光辉，吸引着人们对"日新""日化"的物质世界去作"破块启蒙，粲然皆有"（王夫之语）的探索研究。这是明末清初早期启蒙者的辩证法思想的活水源头之一。

再如，在理欲关系问题上，宋明道学家们都强调理欲对立，宣扬去欲存理。鉴于朱熹的"穷天理"不仅只能用先验的道德规范约束外表，不能钳制人心，而且还产生了"外假仁义之名，而内以行自私自利之实"的流弊，王守仁乃特别提出"致良知"。他认为"良知"一方面是"无善无恶"的"心之体"，因其具有超道德的先验性，才使它具有主宰人心的绝对性；另一方面，"良知"发为"好善恶恶"的"意之动"，又因其具有"一念发动"的现实性，才使它具有践履道德的自觉性。在他看来，这种伦理的自觉性，恰如婴儿之能啼、能笑、思衣、思食，其情感是"真诚恻怛"，不假修为的；只要扩充诸如恻隐、羞恶、辞让、是非之心（情），就自然实现了仁、义、礼、智等道德规范（理）；而所谓是非，也"只是个好恶"，"只好恶，就尽了是非"。这样，理性化为现实的感性，天理化为人理的良知，良知又化为自然的良能。一句话，化理为情，以情入理。进一步发展到泰州学派，就突破"道理格式"，强调"率性而行"（何心隐），人欲变成了天理，"好善恶恶"的"良知"变质为"好货好色"的"童心"（李贽）。于是，经过王守仁对理欲问题的修改补充，朱熹的天理规范论一变而为良知扩充论，再变而为"制欲非体仁"（颜山农）的自然人性论，为明末清初启蒙思想家用人文主义反对僧侣主义的斗争创设了理论前提。

又如，王守仁和朱熹一样，在知行问题上都属于"离行以为知"（王夫之评语)的唯心主义先验论;但他针对朱熹"知先行后"说提出的"知行合一"论仍有其两重性。一方面,他从防范"一念之微"的主观动机论出发,夸大心的能动性和行的目的性,既认为"知是行之始",把属于知的主观活动客观化,又认为"行是知之成",把稳中有降于行的实践活动主观化,从而以知为行,销行归知,既混淆了知与行的差异,又歪曲了知与行的统一。但另一方面,他为了反对"冥行妄作",强调"知是行的主意",多少看到了知指导行的作用;为了反对"揣摸影响",又强调"行是知的功夫",多少看到了行实践知的作用。这种在歪曲形式下包裹着的知行并重和"知行并进"观点,在泰州学派"布衣倡道"的实践活动和"造命""易命"(王艮)的个别言论中曾闪耀出主体能动性的思想光辉;当王夫之对其(也包括朱熹)颠倒体系进行根本改造时,在能所、己物、知行关系上就批判汲取其合理因素而建立了"用加乎境""心交于物""知行并进而有功"的唯物主义认识论体系。

　　王守仁的"心学",作为道学唯心主义逻辑发展的终点,以不能自解的内在矛盾孕育着自我否定的契机,也就预示着由王学的分化必将出现新的哲学启蒙。

第六章　中西文明的冲突

　　世界政治正进入一个全新的阶段,关于它的未来走向,学者们见仁见智——历史的终结:回归于传统的民族国家之间的竞争:民族国家在民族主义和全球主义张力作用下衰落等等。这些见解虽然都抓住了某些现实,但却忽略了全球政治今后走向的一个至关重要的核心方面。

　　在新的世界中,冲突的根源主要将是文化的而不是意识形态的和经济的。虽然民族国家仍将是世界事务中最强有力的角色,但全球政治的主要冲突将在不同文明的国家和集团之间进行。文明间的冲突将主宰全球政治,文明间的断裂带将成为未来的战线。

　　文明间的冲突是现代世界冲突发展的最新阶段。以往发生在诸侯、民族国家和意识形态间的那些冲突主要是西方文明内部的冲突,是"西方的内战"。随着冷战结束,国际政治越过了自身的西方阶段,其核心部分已是西方文明和非西方文明以及非西方文明之间的相互作用。在文明政治中,非西方文明的人民和政府已不再是历史的客体,而是连接西方的历史发动机和塑造者。

文明的本质

　　冷战期间,世界曾被划分为第一、第二、第三个世界。这种分法如今已经过时,以文化和文明划分这些国家集团远比以政治经济制度或经济发展水平来进行划分有意义。

　　我们讲的文明指的是什么呢?文明是一种文化实体,村落、地区、种族集团、国籍、宗教群体都是文化的最高文化凝聚物,人们所具有的最广义层面的文化身份是人有别于其他物种的标志。文明由语言、历史、宗教、习俗和制度等客观因素以及人们主观上的自我认同这两个方面的因素共同界定。文明包容的人们和国家可多（如中国）可少（如加勒比人中的亲英分子）。文明显然可以是混合与重叠的，可以包括某些亚文明。文明是有意义的实体，它们间的界限虽不显眼但是真实的。文明是动态的，他们举起衰落、离形聚合，消失和葬身在时间的大漠之中。

西方人倾向于把民族国家看成是全球事务的主角，但这实际上不过是晚近几个世纪的事情。人类历史在更宏观的尺度上是文明的历史。汤因比在其《历史研究》一书中确认了21种主要的文明，其中只有6种文明留存了下来。

文明为什么会发生冲突

人们的文明身份在未来将越来越重要，世界上宏观上将由7种或8种主要文明的相互作用而形成，它们包括西方文明、儒教文明、日本文明、伊斯兰文明、印度文明、斯拉夫·东正教文明、拉美文明以及可能的非洲文明。未来最大的冲突将沿着分隔这些文明的断裂带进行。为什么这么说呢？

首先，文明间的差异不仅是现实的差异而且还是基本的差异。文明通过历史、语言、文化、传统和最重要的宗教而把人与人区分开来。不同文明的人们既对权利和义务、自由和权威、平等和等级的关系上何者更重要有分歧，也在神人关系，个人与集体关系、市民与国家关系、双亲和孩子关系、夫妇关系等方面持不同看法。这些观点并非必然意味着冲突，冲突也并不必然意味着暴力。然而，许多世纪以来，文明的差异一直是持续时间最长、最激烈的冲突的导因。

第二，世界正在变小，不同文明间人们日益频繁的交往强化了文明意识，加深了人们对同一文明和不同文明间的差异的认识，推动了文明间差别和敌意的发展和文明内寻根意识的增强。

第三,遍及世界的经济现代化社会变革进程使人们游离于长期的地方特性,削弱了作为身份来源的民族国家,许多世界性宗教常以所谓的"原教旨主义运动"形式填补缺口。在许多国家和宗教中热衷于为年轻人、受过大学教育的人、中产阶级技术人员、专业人士和商人开展原教旨主义运动。韦格尔(G. Weigel)指出,"世界的非世俗化是20世纪后期社会生活中的一个主要事实""充满敌意的宗教竞争为跨国界的文明认同和协调提供了方便"。

第四,文明的意识由于西方的双重作用而得到如强。一方面,西方处于力量的顶峰,而与此同时或作为其结果,非西方文明中的寻根现象层出不穷。西方正面对非西方社会增长着的比非西方方式建构世界的渴求意志和智慧。过去,非西方社会的精英通常都是最倾向西方的人们,但现在却完全相反。一批非西方化的本土精英在西方文化,尤其是美国文化、方式和习俗流行于非西方国家的同时脱颖而出。

第五,文化的特征和差异具有相对稳定性,它因而比政治、经济特征和差异更难协调和变更。在苏联,共产党人可以变为民主主义者,富人可以变为穷人,反之亦然,但是俄罗斯人不可能变为爱沙尼亚人,阿塞拜疆人不可能成为阿美尼亚人。在阶级和意识形态冲突中,关键的问题是"你站在哪一边?"人们可以选择站在哪一边或改变之。而在文明冲突中,问题变成"你是什么人?"这是既定的、不能改变的。而正如我们所知道的,从波斯尼亚到高加索到苏门答腊这个问题可能意味着头上中弹。比种族区别更激烈更具排他性的是宗教差别、一个人可以是混血儿,也可以是两个国家的公民,但却绝不可能为半天主教徒和半穆斯林。

最后,经济区域主义正在抬头。从1980年到1989年,地区内的贸易在总贸易中所占百分比不断上升,欧洲从51%上升到59%,东亚从33%上升为37%,北亚从32%上升到36%。区域经济集团的重要性在未来还会不断增强。经济区域主义的成功一方面会加强文明的意识,另一方面它也只有扎根在文明共同体中才会有所成就。文化和宗教构成经济合作组织的基础。共同的文化非常明显地大大推进了中华人民共和国与香港、台湾、新加坡及在其他亚洲国家和地区的华人社团的经济高速发展。

正如人们以种族、宗教关系确认身份一样,他们很喜欢在自身与他种族、他宗教的人们间发现那种"我们"和"他们"的区别文化和宗教差异造成了从人权、移民、环境到贸易等一系列政策问题的分歧。更重要的是,西方国家为了维护自身军事、经济利益优势地位而积极地将自己的民主自由价值观作为普遍价值观予以推广,这激起了来自其他文明的反对。而政府和集团以意识形态为基础来动员支持、结盟能力的下降,也会刺激他们诉诸共同的宗教和文明身份以获取支持。

文明的冲突由此发生在两个层面上。在微观上,在文明断裂带上相邻的集团为控制领土和对方经常发生流血冲突,在宏观上,不同文明的国家为军事、经济权力而竞争,为控制国际机构组织而斗争,竞相推行他特定的政治和宗教价值观。

中国是历史悠久的泱泱大国,深知天下之大,曾经对那种目光短浅、傲慢无知的现象痛加讽刺。《史记》中有夜郎自大的记载,《庄子》中有井底之蛙的寓言。盛唐时代,中国学者游学天竺,求取佛经,创造了中华佛学。中国敞开胸怀,吸收外来文化,同时无私地把中国文化传播海外,表现了泱泱大国之风。但是,宋明清几代,国家虚弱,同时却成了自大的夜郎和井底之蛙。闭关锁国,自吹自擂起来。结果,自己落后了还不知道。1840年,帝国主义列强第一次打破中国人的迷梦,在以后的几十年里,接连不断地把野蛮的条件和要求强加在中国人头上。19世纪后期的几十年,是中国历史上屈辱的年代。一个虚弱的满脑子仁义礼信的东方大国,面对着一群新暴发的唯利是图的近代国家,其结果可想而知。例如日本,这是个小国,有小国岛民的忧患意识和忌妒心,它一旦得了手,那些要在中国求发展的军国主义岛民们,什么卑鄙的阴谋手段都可以使,什么丧失人性的罪恶都可以干出来。历史是公正的,永远不会忘记任何事情。英国人毒品鸦片、西方八国军队焚烧圆明园、俄法等国从敦煌骗走偷走的古代经卷和壁画雕塑,西方士兵为了刮一点金子留在故宫香炉上的刺刀痕,日本法西斯制造的令人发指的大屠杀和活人实验。所有这一切,历史不会忘记,它们比刻在花岗岩上还要醒目,人类若有天良,自有公论。

  帝国主义虽然凶恶,但是它们灭亡不了中国。原因可能有许多,其中有一点是文化的原因。中国是个大国,有几亿人口,要征服中国必须征服人心,而中西方的文化差异决定了西方列强绝对做不到这一点。中国可以在短时间内受到屈辱,但是她的独立和自尊是绝对的,因为她有灿烂的文化。早在明朝时候,就有基督教的传教士到中国来。到20世纪,几百年的时间里,传教士们用尽了各种手段,基督徒寥寥,收效甚微。基督教对西方人是好东西,对中国人是个弄不明白的东西。中国人不会丢掉天理良心、抛弃祖宗圣人,去信那个蓝眼睛的神。西方人在世界许多地方成功了,在中国却失败了,原因就是我们前面分析的中西文化的差别和对立。文化这东西,没有好坏之分,却有先进落后之别。我们的文化可以暂时落后,但是我可以赶上去,我却不会承认你那个东西比我的好。中国人坚持自己的文化传统,在经过19世纪下半叶的屈辱后,在20世纪赶了上来。

  中华民族从来不缺少志士仁人,从来是贤哲辈出。鸦片战争警醒了中国人,从那时起,涌现了许多救亡复兴的杰出人物,带领着中华民众追赶世界潮流。中国哲学在这当中发挥了旗帜的作用,出现了类似于春秋战国时代那种百家争鸣的繁荣景象,区别在于,近现代的哲学家没有古人那样从容,他们的理论更加富于战斗性,更加贴近救亡复兴的现实斗争。这些杰出的哲学家主要有:

提出"师夷之长技"的魏源(1794—1857年)；

大力引进西方进化论思想,大声疾呼变法的严复(1854—1921年)；

从理论上论证变法、在实践中实行变法的康有为(1858—1927年)；

建立新仁学、为变法而献身的谭嗣同(1865—1898年)；

民主革命的哲学家章太炎(1869—1936年)；

三民主义的创始人,伟大的革命先行者孙中山(1866—1925年)。

还应特别提出以李大钊、毛泽东为代表的马克思主义哲学家们对中国哲学现代化的贡献。

中国哲学从古代发展到现代,中国文化追赶上世界潮流,主要在下面一些重要观念上发生了改变。

第一,华夷之辩。中华文明是在一个相对独立的地理单元之中建立的,不像其他几个文明离得较近、便于联系。中华文明东面是大海、西北是沙漠、西南是高原大山,而黄河与长江流域自身又土地广阔肥沃,所以这个文明独立性最强,自成体系。这样,在中国,从古代开始形成了一个观念,华夏族是文明人,有礼仪有教化,其他的人都是未入王化的野蛮人。早在夏商时代,中原的人们把东部人叫夷,把北部人叫狄,把南部人叫蛮,把西部人叫戎,只有自己是文明人。后来,随着社会发展,中华的范围在扩大,但这种观念没有变。少数民族进入中原,立刻学习中原文化,成为文明人。直至清朝,满族人也把自己看成文明人,把大清国以外的人看成野蛮人。由于中国只有一国,没有其他国,不像西欧,小小一块地方几十个国家。所以中国缺乏"国家"的观念,只有"天下"的观念。19世纪,西方人到中国来,中国人一是把他看成野蛮人,二是不能以国与国的关系来处理问题。中国人没有两个文明国家之间关系的观念。甚至被"野蛮人"打败了也没有改变。这种情况严重阻碍中国进入近代社会的国家关系。林则徐是民族英雄,但是他也困于这种观念之中。经过社会实践,经过引进西方文化,经过派遣留学生,这种状况才得到改变。到

19世纪末,中国才把外国也看作是同等的文明国家,承认中国皇帝和外国帝王是平等的。这一点是极重要的,有了这一点,才会真心向人家学习,康有为、严复等大声疾呼变法,学习先进国家的政治组织,表明中国人华夷观念的改变。这个观念改变以后,中国开始了变法革命的运动。

第二,社会进步与演变。在儒家思想中,根深蒂固地存在着厚古薄今观念,三皇五帝、尧舜禹汤、文武周公是好时代,从那以后,礼坏乐崩、人欲横流、犯上作乱,一代不如一代。社会不是在进步,而是在退步。所以,真正的学问都在古代,后人只要注释古代的经典就可以了。不要幻想超过古人,更不要妄想批评圣人。这种观念使中国人认为先进的永远先进,后进的永远后进。自古以来,四方来朝,周围各国的人都到天朝大国来进贡。天朝大国永远不变。天不变、道不变、祖宗之法永世不变。改变这个观念是极困难的。严复引进了赫胥黎的《天演论》,让中国人知道物竞天择的进化道理。康有为提出了改制观念,实施变法维新,对中国人的观念冲击极大。进化论、社会发展观引入中国,是中国革命的理论根据。

第三,科学。在中国传统文化中,学问只有一种,即能升官的道德文章。学而优则仕,书中自有黄金屋。只有儒家经典是学问,其他的都是雕虫小技,是奇技淫巧。中国的知识分子把一切精力都用在八股文章中了。中国人讲的道理,都是人伦之理,没有人伦之外的客观真理。这种伦理型文化不知客观的真理为何物,只是主观的良心和天理。让中国人承认,儒学之外,还有学问,而且是重要的学问,这极其重要。同时,道理不仅是人伦之理,自然物之间也有规律,也有道理可以研究。人应该运用理性去思索、去研究,科学不崇拜权威,只相信真理。这些观念对于中国人是革命性的。从洋务运动开始,中国兴办新式教育,开设新式学科,使科学观念逐渐传播开来,对于冲破长期的蒙昧,起了决定作用。

第四,民主。中国传统文化中,君主和人民、官吏和百姓的关系是父子关系。皇帝称为君父,官吏称为父母官,夸奖一个官吏叫作"爱民如子"。整个社会是个血缘关系的大家族,人与人之间的关系相当于一个家族中家长与成员、成员与成员的关系。在这种关系中,人民不能自主,而要由官吏为民做主。这种观念是封建的宗法关系观念,不可能建立起现代的法制社会,更不可能容忍任何民主主张。其他观念的变革不直接关乎统治者的切身利益,只有民主观念最直接地威胁到统治者的根本利益。独裁者可以在一定程度上接受科学,却不能容许丝毫的民主。因此,民主观念是中国最难引进和实行的,经历了最艰难的过程。清王朝自不必说,中华民国建立了,从北洋军阀到新军阀,中国何时实现过民主?不要说涉及整个国家,就是一个小村子,要实行民主制度谈何容易。严复翻译和引进了西方的社会契约论,剥去了封建统治者真龙天子的神圣外衣,使人们认识到国家的现实性质。同盟会领导的辛亥革命使国家成为民众的国家。又经历了无数次的奋斗,才建立起民主的新中国。现在,经过近一个世纪的奋斗,一个民主法制的中国正在成为现实。

文明的冲突

关于文明,我们已经知道人类历史上伟大的文明,那如宇宙神秘的亚特兰第斯,那有着狮身人面的古埃及文明,还有有着5000年文明史的中国,无疑不诱惑着后世子孙的探询。

文明不是一个实体,它只是一个体系,关系着政治、经济、科学还有艺术。古代文明一直和宇宙也就是天有关系,翻看历史书籍,就会看到,玛雅文化,巴比伦的文化,亚洲地区的中国黄河两岸文化,都是一部一部和上天有关的文明史。他们有一个共同的信仰,那就是上天。玛雅人对科学已经有着相当精准的掌握,包括一年的时间,四季的变化,但是玛雅人也崇拜太阳,崇拜甲壳虫,他们认为是甲壳虫背着太阳每天升起的,这个和埃及的文明有着相似之处,巴比伦的文明也是崇拜天神的体系,他们崇拜太阳神,把天上星星划分12星座。中国人的文明史更是有女娲补天等关于天的崇拜,这些都证明古文明的历史都是关于天的……因为古代人有敬畏的天,所以那时也是人类比较单纯的年代,虽然也有着战争、冲突,但是当时的人类并不贪婪、丑陋。

在历史不断的前进中,文明的确是逐渐的文明,人类也发明了相对自己价值观的所谓的文明,把自身的道德、自身的信仰等加到文明当中,这样不断地形成了人类的文明。这个时期的文明充满了种族仇杀,货币的流通,艺术的提升,种族的高低之分。我把这个时期当作是公元的开始,这个时期文明影响了政治,影响了社会的经济,也在影响着艺术。在文明高度发达的欧洲,当时有着古罗马的文明,有着法国的文明,这些不同国家的发展都得益文明的冲突,也就是今天我们的论点。只有冲突才会有结果,才会有优胜劣汰,才会有那些强的留下。也就是文明冲突导致了政治、科学、艺术和经济的不断向前,有的时候文明的冲突让人类后退一步,但是最后它会向前两步。

任何事物都是需要不断的冲突,只有这样才可以保持旺盛的精力,世界才会把那些优秀的强有力的留下。所谓的文明的冲突,就是政治冲突、经济冲突还有艺术和科学的冲突的统一。

政治,是撒谎的游戏,人类有了语言就开始了政治的文明,政治是人类天性的表现,就是男性的本性的重要标志,雄性动物向来有权力欲望,这个欲望产生了政治,也就产生了冲突,这个冲突导致留下的一定是优秀的政治体系,如果不是,那么以后会有更加优秀的政治体系替代。在人类社会当中,奴隶制度、封建制度、资本主义制度,这些都是一步一步前进的制度,后一种制度比前一种要进步得多。在这里我为什么要强调男性,因为从古到今男性一直是社会的主体,我在这里不想把结果当成原因来说,在动物界来看,雄性在体能和智力上是占着很大优势的,这也就决定了人类进步的同时,男性一定会是主体。也就是政治的冲突说穿了就是男性之间争夺利益和权力的冲突,最后留下的一定是强大的一方。

经济,是一切的基础,也是政治的基础,经济冲突对文明是需要长期的看待的,短时间并不会显现,只有经济影响了政治才会连锁影响文明。经济发达地区确实文明的历史要长些,但是这都是和当时的政治有关系的。如果说经济是文明的左右手,那么政治应该算身体的躯干。

艺术,一切没落的时代都有着强有力的艺术家,艺术只有在艺术家那里才可以体现,普通人只能欣赏一般的东西,真正的天才都是和时代有着相当大的联系的,艺术需要两点,一个是酒醉的感觉,一个是激情。文明冲突的结果其实并不会对艺术产生多大影响,但是从人类历史看,文明的冲突表现出来最直觉的东西就是艺术,达·芬奇的绘画,贝多芬的音乐,米开朗基罗的雕塑,伟大的艺术都是没落时代的凸显物。艺术是强者的力比多,力比多在德国哲学术语上讲就是强大的生命力和激情,社会和人类进步的同时必然会产生优良的人种,优良的人种也就是文明冲突的间接产物,有了这些人,文艺复兴了,也就有了音乐、绘画、雕塑、歌剧、舞蹈、文学等。

科学是时代进步的产物。只有时代进步了,科学的东西才会出来,也就是文明进步的时候科学就会很多,文明有了冲突的时候也会有很多科学出来,但是文明倒退的时候,科学是绝对没有的。在种族屠杀里,你是看不到科学的优势的,在这里文明的冲突就会表现为人类本性的体现。但是从长期来看,这些都会导致一个没落政治的衰退,一个强大的新的文明产物出现。

综上所说,文明的冲突,其实只是人类天性的一种冲突,正因为有了这个冲突,所以人类才一直进步。欲望和道德、生存和死亡、美丽与丑陋、战争和权力、性、屠杀、本能、虚荣、道德、孤独,这些都无一不留在人类的心底,人天性就是自私的,因为动物性是需要自我生存的,只要有人类的存在,那么文明的冲突将永远存在。

第七章　中国哲学的特点与现代化

中国哲学的特点

中国哲学在世界上是独立发展的哲学类型之一。与其他类型的哲学相比，有如下特点：

第一，封建时代的哲学有比较充分的发展。中国哲学始于先秦，历史悠久，与同时期世界其他地区的哲学相比，属于少数达到较高水平的哲学形态之一。进入封建社会后，由于科学技术在世界范围内长期处于领先地位，封建统治秩序相对稳定，故中国哲学在殷周哲学的基础上，继续发展，形成了历史久远，具有较高形态的封建社会的哲学。而同时代的其他国家和地区，哲学处于相对贫困的状态，只是在近代如欧洲，文艺复兴运动后，哲学才逐渐发展。

第二，中国封建社会的哲学主要同经学相结合，而不是同神学相结合。在中国封建社会，宗教神学虽比较活跃，但未能占据统治地位。中国哲学一直以儒学为正统，儒学虽因袭了传统的天命观念，但着眼于现实社会，不注重彼岸世界，强调道德教育而非宗教说教。一些具有唯物主义倾向的思想家以"正统"自居，批判宗教神学观点。而在西方，中世纪时神学占据了统治地位，哲学成为神学的"婢女"，唯物主义思想只能披上宗教外衣或以宗教异端的形式存在。

第三，中国传统哲学与伦理学联系密切，本体论、认识论同道德论相互渗透，具有浓厚的伦理色彩。在先秦时代，诸子百家中儒、道、墨、法等诸家都以天道观为其伦理学说的理论依据。秦汉以后儒学被奉为正统，无论是董仲舒的天人感应论还是王弼的"名教出于自然"的主张，都是通过各自的本体论为儒家的纲常伦理作出论证。在宋明理学中，本体论、认识论与道德论的结合更为显著。张载以气为万物本原，宣扬"民吾同胞，物吾与也"的仁爱精神，二程和朱熹以理为本体，强调天理即是人伦的最高原则。在中国哲学中，认识论也往往和道德认识、道德修养相联系。孟子的"思诚"，荀子的"虚壹而静"，程朱的"格物致知"，陆王的"发明本心"无不既是求知方法又是道德修养方法。

第四，中国哲学的思维方式倾向于整体性、有机性与连续性。中国哲学具有丰富的朴素辩证法的思维传统，许多哲学家运用不同的术语表达了他们的辩证思想，如老子的"反者道之动"，《易传》提出"一阴一阳谓之道"，宋明理学家提出的"一物两体""分一为二，合二以一"等。他们把宇宙的演化视为一系列生成、转化的过程，把天地万物、动、静、形、神视为相互区别又相互联系的矛盾统一体。

第五，中国哲学有自己独特的传统概念范畴。中国哲学这些独特的概念范畴如：道、气、理、神、虚、诚、明、体、用、太极、阴阳等。凝结着中国思想家的智慧。在中国哲学长期的历史发展过程中，这些范畴被不断地充实、丰富，赋予新的内容，围绕这些范畴展开了深入的讨论，将中国哲学的理论思维水平不断提高。中国哲学对于人类文化的发展也作出了有益的贡献，传播到周围的国家和地区如日本、朝鲜、越南及东南亚国家，并在全世界范围内产生了广泛而深远的影响。

中国哲学的现代化

谈到中国哲学，身为中国人，我感觉非常特别。中国古代的思想家犹如满天繁星，层出不穷。他们各个都在自己生活的那个时代提出了对其所在时代的社会、人生的思考。给子孙后代留下了无数珍贵的思想财富。一些思想观点不仅对历代的中国人产生了巨大影响,同时也对世界形成强有力的影响。《易经》、《道德经》、《孙子兵法》……无数的先哲用他们特有的思想观点影响着整个人类,在人类思想宝库中浓墨重彩的书写着华章,焕发出中国人特有的思想的奇光异彩。在他们看来,为宣传自己的主张,为时代的世人安身立命,他们视天下为己任,穷毕生精力著书立说。"为天地立心,为生民立道,为往圣继绝学,为万世开太平。"如此铮铮誓言,正是一代又一代先哲们精神的写照。然而,随着社会的发展,尤其在从封建社会向现代社会转型的过程中,我们从西方学习先进的科学技术,学习西方社会的文化文明。反而让我们自己的文化文明变得暗淡无光了。虽经过胡适、冯友兰、张岱年、任继愈等老一代哲学家的努力,把中国哲学思想系统化、具体化,让中国哲学思想得到更多更好的传播。但是,他们都是在模仿西方哲学体系来构建中国哲学,给中国哲学披上了一件具有西哲特色的外衣,同时,用一些西方哲学中的概念来解释、阐述中国哲学中的一些观点、思想。使得中国哲学一直在同西方哲学的对比和碰撞中缓慢前行。对西方哲学的借鉴,有利于东西文化的交流、比较,其积极的意义不容否认和辩解。但是,从建国以来,我们的哲学界中,还没有一位系统阐述中国哲学思想、用中国人的思维去理解中国哲学的大师。哲学思想,作为一个时代的风向标,我们有理由认为,应该把此作为一个高度重视的课题来进行研究。同时,研究的目的不是去引经据典,而是挖掘其中积极合理的内涵为我们这个时代服务,为这个时代的人民服务。使中国哲学思想焕发出新的活力。就当代中国哲学的发展,我认为可以从以下几个方面来说明。

一、现代中国哲学的作用

哲学作为一种思想,它应该成为全部人类的思想财富。任何一个文明社会都有着阶级性,因此,代表着统治阶级的哲学思想总是占据着统治地位。但是,这种哲学应该只是这个阶级的哲学,因而它不应该代表整个社会所有的学说和思想。中国哲学也是如此,在过去几千年的社会中,中国哲学的主流思想一直都是官方哲学思想,它的产生和发展无不与当代的封建统治者的认同和许可相联系。社会不应该只有统治阶级的哲学思想。哲学应该作为一个时代的指导思想给予这个时代以指导和帮助。当然,这个帮助不只是对统治阶级有帮助,更应该对广大人民群众都有帮助。它不仅是社会的指南针,更是个人道德行为的标向,处理人与人,人与社会,阶级与阶级之间关系的指导。中国哲学的使命,就是应该把自己传统哲学思想中积极、肯定的因素与当代社会发展相结合,成为整个社会行动的一个基本指导思想,给予我们社会、阶级、个人行动的准则,为我们当代社会中的每个成员服务。

二、学习现代中国哲学的方法

中国古代哲学思想都是蕴含在一些古典书籍中的。古代文言文是我们现代语言的起源,但是在多年的历史演变过程中,许多的词语本身的意义发生了很大的变化。有些我们现在所熟悉的词语的意思和现代差不多,有的和现代的相近,有的却和现代意思相差甚远了。更多的词语已经在语言的发展中销声匿迹了。只有在一些特别的文章中才可以看到。因此,学习中国哲学,首先就要学好古代文学,做好对古文的训诂工作,要对古文的研究有一定的基础,对古文的语法及运用有相当的熟悉。只有在对古文字较为熟悉的情况下才能从根本上掌握住文章原有的意思。当然,在这方面,上个世纪的很多大家都对古文进行过研究和注解,这对我们能更快更好地掌握一些古文的意思和古人的思想有着重大的帮助。同时,后学也要更加系统的研究古人的思想体系,对前人没有讲清楚的方面加以阐释,结合到时代的需要,给中国哲学注入生机和活力。

　　同时,我们在学习中国哲学的过程中,应该正确处理好中西哲学的关系问题。西方哲学思想本身就是由多个体系组成的,相对于中国哲学来说,它的内容要庞大和复杂得多。在它本身的体系中,可以根据不同的标准,分为不同的类别。在其内部,也存在着多种学说的相互抵触和矛盾的方面。同时,在对其研究的过程中,不同的哲学家根据自身学说的继承和发现,创立了不同的论述方式和观点。西方哲学家对理性的追求,对逻辑的考究的确是现代科学发展所必不可少的帮助。但是他们在对世界的认识过程中,偏重于对事物的具体化、机械化,缺乏一种从整体上把握、对事物全面了解的传统,也就是我们常常说的辩证思想的缺乏。由于哲学这门学科是在近代学习西方科学文化过程中产生的一门学科,因此,在其成立之初,就一直带着西方哲学思想的烙印,其中的一些哲学术语也大都是沿用西方哲学中的一些专用词。用这些词语来作出对中国传统哲学的阐释和理解,本身就有些牵强。中西文化的巨大差异在哲学思想中最能够体现出来。如对某一家的哲学思想进行阐说的时候,我们总是想从定性的角度给予一些解释,如是唯心主义还是唯物主义,是本体论还是发生论等等,中国古代思想家的思维中是没有这些区分的。他们大都对某个观点持一种整体的认识和看法。有时候,这个观点中有唯物的,也有唯心的;有本体论的,也有发生论的。细分之下,总会觉得,有些解释或牵强附会,或非作者之本意。对于中国哲学的理解和学习,不少学者都认为应该持一种适合于中国传统思维的方式和方法来研究和理解。在借鉴西方哲学的体例和方法基础上,真正做到"中学为体",才能把中国哲学的精要展现出来。

　　三、学习中国哲学的现实意义

　　对中国哲学的研究,不仅可以增加作为一个中国公民的自豪感和自信心，同时，它里面的许多宝贵思想正是我们现代这个社会所需要和缺乏的。对人与大自然的关系的认识就是我们这个现代社会应该值得学习和效仿的。中国是一个以农业为主的国家，工业发展是近代才兴起的。农业对自然的破坏力远远要弱于工业对自然的破坏。因此，在中国传统的社会中，对自然的亲近和尊重，一直是传统思想的主流，没有哪个学派和学者宣扬人对自然的超越，鼓吹人对自然的破坏。天人合一的思想无论在儒家还是在道家都是主流思想。中国的文人士大夫，无不都是对大自然亲近和热爱之人。在人与自然的关系上，中国哲学是给以最多阐发的，也是认识得最为科学的。自古以来，人不管有多么的聪明，多么的强大，他总是这个世界的一员，总是属于大自然的一部分，人不可能也不能超出这个现存的自然条件。如今，更是如此，科学的发达更多的是在满足人们的物欲之后，给我们这个乃以生存的自然环境以无情的伤害。而最终的结果是我们在地球环境的恶化中，渐渐失去了可爱的家园，大气污染、河流干涸、气候转暖、黄沙肆虐、旱灾水灾不断，地球就像是一个生病的娃娃，在没有人类的呵护下已经失去了他生命的活力。或许，我们还在为我们经济的高速发展欢呼雀跃，为我们的现代化建设鼓劲加油，但是，我们却忽略了环境保护的重要性。发达的机器代替了原始的手工工具，使得生产速度呈飞速发展的趋势。这种功能的放大也造成了环境破坏的加速，十多年的环境变化足以替代过去农耕时代几十年甚至是几百年的变化了。当今，号称"春城"的昆明正遭受着百年不遇或许是有史以来的最大灾害，在水资源丰富的西南地区，正上演着缺水的悲剧，看着曾经水深达数十米的泥塘干涸、塘底龟裂、干鱼遍地，在干土中绝望地张着嘴巴，也许几十年后，这就是人类自己命运的真实写照。放眼全球，冰川融化、海水上升、暴雪侵袭、河流干枯、森林锐减、土地沙化，这些都不是人类在处理自身和自然界关系时的错误的结果吗？科学的发达,应该是对地球作出更好的贡献,而不是一味的强抢掠夺。中国人自古就尊敬天地,敬畏神灵,这本身就是对自我生存环境的认可和保护,吃斋戒杀本身就是对生物界的保护。古人的思想中把人和其他一切都视为平等。理学中"仁者以天地万物为一体"的思想可是说就是这种人与大自然和谐相处的思想的表达。把一切都视为和人平等的对象,用对自己关爱之心去对待周围的一草一木,可以说,古人的环保意识在思想深层得到了体现。

中国哲学对现代人生价值观念的确定也有着深刻的启示。人生价值观念是一个人的立本之基,是一个人的灵魂和支柱。中国人有着许多的优良传统,而这些优良的传统都是经过几千年的中国文化的陶冶而铸就的。"大学之道,在明明德,在亲民""修身、齐家、治国、平天下"等等观念为千百年来中国人确立了人生奋斗的理想和目标。"家事、国事、天下事,事事关心"更是一代又一代国人"家国同心"的精神的体现。当今社会经济的高速发展,加之在封建社会末期对所谓的"封建思想"的清洗,把一切原有的文化当作时代的垃圾和糟粕给扔掉了,尤其是对传统道德,更是将之称为"旧社会思想的毒草"而抛弃。但是,几千年来的文化底蕴已经深入到每个中国人的骨子里了。我们不可能完全脱离原有的文化思想的影响。回过头来看看,这些人生价值的观念在当今不仍旧应该成为我们作人的理想和目标吗?一个没有修养的人,一个没有道德的人能称为人吗?不能搞好自身的修养,能对自己孩子和家人作好的榜样吗?家庭都搞不好,又怎能好好的治理国家,为社会做贡献呢?那些作为时代精英和管理社会的人士,他们手握权力,却不为民办事,把手中的权力当成了自己的私有财产,当作一种发家致富的手段,欺上瞒下、贪污受贿、卖官鬻爵,社会的混乱就是从这些个人开始的。当一个社会的公平、正义严重的倾斜的时候,就是这个时代的价值观念受到曲解和亵渎的时候。没有了公正和公平,社会就没有了稳定和安宁,人民的权利和幸福就会遭到挑衅和嘲弄。当今社会,经济的发展,带动了人们对物质的追求,这本身没有错误,但是,对物质的无休止的追求和自身价值观念的粗浅理解,就会扭曲人性,与社会不相容。有人认为有钱就有一切,至上的金钱观,让我们很多的人疲于对金钱财富的竭力追求,把拥有金钱的多少看成一个人成功与否的标志。古人云:"君子爱财,取之有道。"而有多少人能做到取之有"道"呢?这个"道",在有的人看来,就是一切能搞钱的方法都为"道"。摒弃自己的良心,扭曲自己的人性,损人利己,甚至不惜玩弄权势、草菅人命、轻视律法,把社会公正、公平抛之脑后。最终只能带给自己的一时之欢,而招致千夫所指,留下骂名和劣迹。如此的现象,说到底就是对人生价值的迷茫和无知。中国哲学对人性的阐发给予我们许多的启发。"人之初,性本善"对人心向善的肯定。"无善无恶心之体,有善有恶意之动,知善知恶是良知,行善去恶是格物"对人性善恶的发展和内心修养的关系作出阐释。说明人心的善恶在于自己的良知和修行。对人性善的肯定和追求是中华民族几千年来发展的精神动力。人的完美就是个人道德修养的完美,就是对社会发展贡献,就是对善的终极追求,对公平正义的完美维护。古人讲"杀身成仁",为了自己所追求的道,他们可以牺牲自己的一切,哪怕是自己的生命也在所不惜。这种精神境界不正是我们每个人应当追求自我价值的理想境界吗?有的人做到了,他们为民请命,敢去和社会的邪恶势力作斗争。然而,更多的人,在这个社会中扮演着不光彩的角色,为一己之私,损害国家,损害集体,损害他人。这难道不是对自我价值追求的错误认识的结果吗?这不是整个国家和民族的道德素质的下降吗?在"义利之辩"中,我们看到了古代那种纯朴的道德信念,重义轻利的思想影响着中国数千年,当然它也有着不容辩解的缺失,如对利的轻视,以至于社会物质生产的匮乏，人们的生活质量受到严重的影响，也是造成我们国家在历史上贫穷落后的重要因素。但是，这种以仁义为基础的思想观念不正是人性的最好体现吗？讲究丛林原则，讲究利益之上的原则，最终只会导致社会的失序，人性的扭曲，让穷人更穷，更没有尊严和幸福可言。中国哲学的重点就是伦理学说，中国哲学就是一门教人如何做人的学问，如何正确地处理人与人、人与社会、阶级与阶级的关系的学说，当中当然不免有一些落后的、甚至是反人性的思想和观点，但是它更多的是对这些关系作出了更加深层的思考和论证，为建立一个人人幸福和快乐的社会作出学说上的努力。懂得中华文化精髓的人永远会是一个生活中的智者。当今，我们应该批判地继承中国传统哲学思想，重新给我们的人生价值观以正确的定位，我们处在社会主义的初级阶段，不可能让每一个人还信守着共产主义的崇高信仰，同时，我们也不能停留在对物质世界的无止境的追求上，让每一个中国人都变得浅鄙和庸俗。这也是现代中国哲学应该完成的历史使命。

中国哲学是一门既古老又年轻的学科，在当代社会高速发展的背景下，中国哲学的发展面临着许多根本的问题，怎样把那些具有生命活力的古代思想和现代化社会有机地结合起来，怎样用那些有着积极意义的思想观念来解决随着现代社会发展所带来的关于环境、安全、政治、文化等一系列现实社会问题，而不是终日钻研于故纸堆中，或对某一古人学说的究根问底，搞一些书斋式的学问。这应该是每一个社会学者所应持的治学的基本态度吧！

中国哲学文化对于中国现代化的意义

中国的传统文化，包括哲学文化，主要围绕着一个问题，也是最本质的问题，这就是道德。中国现代化的问题，首要解决的是人的思想问题，道德问题，以上问题解决了，中国的现代化问题自然就解决了，因为事在人为。人的问题不解决，社会制度的问题就得不到解决，中国的现代化问题只是一句空话而已。因为社会制度是个硬件，就像是电脑，你的硬件不先进，还是个低档次的电脑，要想让它做出高效率的反应，恐怕是有困难的，也可能根本就无法实现。中国人都很聪明，这是软件的基础，可是由于制度上的落后，限制了软件的发挥作用，这是中国落后的根本原因。如果低档次的电脑不升级，而把软件档次提得太高，只能导致死机或出现很多故障。中国当前最重要的问题，就是提高国家制度的档次，在硬件上，这个问题不解决，中国将继续落后下去。

　　文化也是由多项内容构成的，其最高的文化是社会意识形态文化，它是纲领，为君主，是在国家与社会中起主导作用的文化。其他文化，生活文化，科学文化为臣，为基础。只要解决好了哲学文化，意识形态文化，其他文化与社会的矛盾就迎刃而解了。一个国家的哲学文化，意识形态文化有问题，这个问题不解决，而着手着眼于其他文化，只能是隔靴搔痒，无济于事。即便是国家的制度升级了，如果人的思想道德不能升级，它的效率还是不能发挥出来。

　　现在软件上的问题，首先是用中国的传统文化清除中国人思想上的病毒，使人的良知恢复，使人们对国家、对民族、对社会有一种责任感。现在我就介绍一下，什么是中国的传统文化，当然这是我的中国传统文化观了。再顺便说一下，中国传统文化在社会和国家中的重要作用。

　　中国的传统文化是什么？就是"道、释、儒、武、医"为核心的文化，范围扩大一些，也是我们所说的"三教九流"。在现代意义上，再增加个"科学"的新内涵也不为过。最早的中国传统文化只是易文化，也可以说是道家文化，其他文化都是以易文化为根本发展出来的。可以看出，中国的传统文化随着时代的发展，也是在不断地发展演绎着。时代发展到今天,中国的传统文化也应当发展出关于科学内容的新文化。因为中国的传统文化的核心本来就是对立统一,发展变化学说,就是一套最完整的辩证逻辑学,它不但与科学没有矛盾,而且还能指导科学,统帅科学,指导人们进行科学探索,促进人们的科学发现。在以上意义上,中国的传统文化与欧洲的基督教文化是截然不同的,因为基督教文化与科学处处都是矛盾,这种矛盾到现在也是不可调和的。由于中国传统文化中蕴含着科学,这也是它走向世界的优势。

中国的传统文化的精髓在于生生不息的发展,在于它不断地产生新的,也不断的淘汰旧的生命模式,它不固守某一个时代的特定文化形式,这是中国传统文化活的特点。所谓"法先王",只是法先王的基本规则,而不是法先王时代的具体的形式。因为宇宙、人类社会、人自身总是按照基本规则演变的,其具体形式是在不断地发生着变化。如果只是效法先王先圣时代的具体形式,而不是效法先圣先王创造出来的具体规则,是不得精要的缘故。效法先王制度的形式,只能使人们的思想受到形式的束缚,而使自己变得无所作为。就好像是我们算数学题,我们不要追求与某个数学家的得数相同,要看我们运用的规则、定理是否合乎数学规律。如果懂了规则,人们用起来就挥洒自如,不管遇到什么样的数学题,都能进行解析。如果人们只求外表一致,而不懂其内在的规则,他所搞的一切,只能是个毫无生气的僵死的东西,中看不中用的银样蜡枪头。

中国传统文化是以道德仁义为心,周易八卦为基本规律的文化。儒家文化,处处体现了这个特点。如君臣、父子、夫妻无不体现了对立统一的关系。无君亦无臣,无臣亦无君;无夫既无妻,无妻岂有夫?但是随着时代的发展,儒家在一定历史时期的一些观点已经被抛弃了,有些观点还需要保留,代之而起的是以"道德仁义"为中心,以"周易八卦"为规则的新的思想内容的文化形式。但是,儒家的"仁义廉耻,忠孝节悌"还应当保留提倡,并赋予它新的内容。

至于说"夫为妻纲",中国传统文化这种信条,既是根据周易推演出来的,也是对自然规律的总结。因为在自然界,基本上都是夫为妻纲。看看动物界,哪个不是雄性的主宰着整个群体?在古代,女人很少与外界交往,这是由她们特定的生理和心理特点所决定的。所以,儒家在一定的历史阶段提出"夫为妻纲"还是有一定的合理性的。但是随着时代的发展,妇女的学识逐渐增多,逐步走向社会,有些女子的才干、魄力都超过了男子,那也只能是"能者"为纲了。只要是妻子的能力超过丈夫,来个"妻为夫纲"也未尝不可的,最起码可以进行这方面的尝试。"妻为夫纲"是否违背规律,只能让社会实践进行检验。

至于说"父为子纲",还是保留的好,特别是孩子在监护阶段,更应当体现"父为子纲"的特点。最起码不应当让两三岁的孩子牵着父亲的鼻子走,到孩子有了自立能力,让他独立也是可以的,三十而立吗!可以来个"二十而立",也可以来个"十八而立"!

"忠孝节悌,仁义廉耻"在中国的当代社会都有保留的价值,也应当极力提倡的。现在不是忠君,而是忠于国家与民族,忠于民族的传统文化。想忠君,君在哪里?封建社会的君主早就消亡了,中国现在有可能把中国封建社会中的君主重新树起来吗?这根本是不可能的。现在的中国社会,不应当提倡孝吗?不应当提倡气节吗?不应当提倡相互谦让吗?不应当从根本上去爱祖宗,爱父母,爱别人,爱社会吗?人对社会,对国家,对他人没有义务吗?做一个人不应当公正廉洁吗?不知耻的人好吗?

再说封建社会的君主社会,并不是中国传统文化所主张的,中国传统文化承认封建君主的合理性,只是为了保存自己的,其实,中国的传统文化从骨子里是反对封建专制的。道家、儒家其中心思想都是反对封建制度的,因为道家讲无为,不涉足社会,它只是影响人们的社会意识形态,不直接作用于社会。儒家是入世的,是直接针对社会的,无论社会有什么变化,儒家总是首当其冲。如秦始皇焚书坑儒,就是儒家与当时的封建政权抗争的结果,也是儒家为人类社会做出的牺牲。

中国的传统文化,无论道家的老子,还是儒家的孔子、孟子都是反对封建专制制度的。孔子周游列国,就是想使中国的社会回到尧舜时代的民主社会。"大道之行,天下为公"这是儒家的最高社会理想。孔子推行他的政治理想受挫,愤而言:"道之不行,桴于海"。什么是"道"呢?"道"就是规律,孔子说的"道",就是人类社会运行的规律。人类社会运行的最合理规律是什么?就是民主。